A PERSEGUIÇÃO A TRUMP

ALAN DERSHOWITZ

A PERSEGUIÇÃO A TRUMP

E A AMEAÇA ÀS LIBERDADES CIVIS, AO DEVIDO PROCESSO LEGAL E AO ESTADO DE DIREITO

Tradução
Roberta Sartori

São Paulo | 2023

LVM
EDITORA

Copyright© da edição brasileira 2023 – LVM Editora

Os direitos desta edição pertencem à LVM Editora, sediada na
Rua Leopoldo Couto de Magalhães Júnior, 1098, Cj. 46 - Itaim Bibi
04.542-001 • São Paulo, SP, Brasil
Telefax: 55 (11) 3704-3782
contato@lvmeditora.com.br

Gerente Editorial | Chiara Ciodarot
Editor-chefe | Marcos Torrigo
Editor de aquisição | Marcos Torrigo
Editora assistente | Georgia Kallenbach
Tradução | Roberta Sartori
Preparação de texto | Adriana Alevato
Revisão | Adriano Barros
Capa e Projeto gráfico | Mariangela Ghizellini
Diagramação | Décio Lopes

Impresso no Brasil, 2023

Dados Internacionais de Catalogação na Publicação (CIP)
Angélica Ilacqua CRB-8/7057

D481p	Dershowitz, Alan A perseguição a Trump: e a ameaça às liberdades civis, ao devido processo legal e ao estado de direito / Alan Dershowitz; tradução de Roberta Sartori. – São Paulo: LVM Editora, 2023. 192 p. Bibliografia ISBN 978-65-5052-126-4 Título original: *Get Trump* 1. Ciência política 2. Trump, Donald John, 1946 3. Presidentes – Estados Unidos I. Título II. Sartori, Roberta
23-5705	CDD 320.973

Índices para catálogo sistemático:

1. Ciência política

Reservados todos os direitos desta obra.

Proibida a reprodução integral desta edição por qualquer meio ou forma, seja eletrônica ou mecânica, fotocópia, gravação ou qualquer outro meio sem a permissão expressa do editor. A reprodução parcial é permitida, desde que citada a fonte.

Esta editora se empenhou em contatar os responsáveis pelos direitos autorais de todas as imagens e de outros materiais utilizados neste livro. Se porventura for constatada a omissão involuntária na identificação de algum deles, dispomo-nos a efetuar, futuramente, as devidas correções.

DEDICATÓRIA

Este livro é calorosamente dedicado ao meu aluno, pupilo, mentor, colega e amigo Harvey Silverglate, um grande advogado, um libertário civil honesto e um mensch paradigmático. Uma das poucas pessoas que entende, e está disposta a defender publicamente, meu apoio honesto à Constituição, mesmo em prol de Donald Trump.

AGRADECIMENTOS

Agradeço a Maura Kelly, Hector Carosso e Tony Lyons por sua ajuda e apoio na produção deste texto; à minha querida esposa, Carolyn, por me inspirar, desafiar e corrigir de forma construtiva; e a Alan Rothfeld por me manter gramatical e factualmente no bom caminho.

[SUMÁRIO]

Introdução   **11**

Capítulo 1
A Busca na Casa de Trump   **25**

Capítulo 2
Investigando e Punindo
Apoiadores de Trump   **39**

Capítulo 3
Sacrificando as Liberdades
Civis para Perseguir Trump   **59**

Capítulo 4
Trump Será Indiciado?   **77**

Capítulo 5
A Cumplicidade da Mídia
e da Academia   **113**

Conclusão   **181**

Apêndice A
Os Julgamentos do
Massacre de Boston   **185**

[INTRODUÇÃO]

Agora que Donald Trump anunciou sua candidatura à reeleição para presidente dos Estados Unidos, o incessante empenho de seus oponentes políticos para incriminá-lo a qualquer custo, a fim de impedi-lo de concorrer, só aumentará. Esses esforços podem representar a ameaça mais significativa aos direitos civis desde o macarthismo. Embora o fim possa parecer louvável para muitos – impedi-lo de retomar a presidência –, alguns dos meios defendidos e empregados desafiam os próprios fundamentos constitucionais da liberdade americana: o devido processo legal, o direito a um advogado, a liberdade de expressão e o Estado de Direito.

Muitas pessoas decentes acreditam que uma segunda presidência de Trump colocaria a nação em risco, devido a isso é difícil convencê-las de que os ataques às garantias constitucionais causarão danos duradouros – e, talvez, irremediáveis – aos estimados direitos conquistados. O fato de que podem ter razão até certo ponto dificulta ainda mais persuadir muitos cidadãos de que a ameaça aos direitos individuais pode ser maior e ainda mais perigosa. Eles veem o risco representado por Trump como concreto e imediato, enquanto o prejuízo às liberdades é mais abstrato e em longo prazo. Mas a História nos ensina que os fins, mesmo os considerados nobres, não justificam os meios ignóbeis, incompatíveis com a democracia e o Estado de Direito.

Progressistas e libertários civis de longa data, que suspeitavam dos promotores, do FBI e dos comitês de investigação do Congresso, de repente se tornaram seus apoiadores mais fervorosos, defendendo táticas ainda mais agressivas e repressivas, desde que direcionadas a perseguir Trump. Os defensores dos direitos constitucionais do ex-presidente americano – mesmo aqueles que, como eu, se opõem politicamente a ele – devem ser silenciados; sua liberdade de expressão atacada, sua integridade questionada e suas carreiras ameaçadas.

Grande parte da mídia faz uso de reportagens objetivas para advogar contra Trump, enquanto muitos na Academia peticionam e fazem propaganda contra direitos que antes valorizavam, tudo com o objetivo de incriminá-lo. Aqueles que elogiaram John Adams por defender os soldados britânicos acusados do massacre de Boston; o ex-juiz Benjamin Curtis por defender Andrew Johnson; e James St. Clair por defender Richard Nixon, agora se voltam contra os que protegem a mesma Constituição a favor de Donald Trump. O caso de Trump é "diferente", e aqueles que advogam seus direitos, como aqueles que defenderam os comunistas acusados durante o macarthismo, devem ser considerados facilitadores ou cúmplices, e ser responsabilizados pelos males atribuídos a seus clientes.

Eles negam a própria hipocrisia, aplicando um duplo padrão imoral. Como Trump é "diferente", e os perigos que ele representa são mais sérios, um olhar diferenciado torna-se justificável. Estão firmes em seu desejo – em sua ânsia, na verdade – de dobrar ou mesmo rasgar a Constituição a fim de evitar um mal maior. Essa mesma afirmação foi feita ao longo da História por fanáticos determinados a impedir o que consideravam perigoso.

Aqueles contrários a Trump estão dispostos a usar o sistema judicial criminal americano como arma, distorcendo-o para atingir seu inimigo político. Talvez o exemplo mais extremo desse perigoso fenômeno tenha sido o esforço do professor Laurence Tribe, meu ex-colega na Escola de Direito de Harvard, em persuadir o procurador-geral Merrick Garland a processar Trump por tentativa de assassinato do ex-vice-presidente Mike Pence, apesar da ausência de base legal plausível para tal acusação.

Por causa dos temores atuais, esses que querem incriminar Trump a qualquer custo ignoram as implicações futuras de suas ações antilibertárias. Eles acreditam que, porque o ex-presidente é um patife – ou algo pior –, ele deve ser detido a todo custo. Devem, a Constituição e as liberdades civis, ser desprezadas, porque são apenas barreiras técnicas para o objetivo mais importante de livrar a nação americana da influência de Trump.

Eles se esquecem da lição histórica, bem resumida por H. L. Mencken: "*O problema de lutar pela liberdade humana é que passamos a maior parte do tempo defendendo os canalhas. Pois é para eles que as leis opressivas são dirigidas; e a agressão deve ser interrompida no início, se é que é para ser interrompida*".

O grupo que quer perseguir Trump não apenas defende a implantação de leis opressivas contra ele e seus "facilitadores", como também deseja que se ampliem seus alcances para que abranjam o ex-presidente. Um excelente exemplo dessa atitude é a Lei de Espionagem de 1917, que vem sendo objeto de crítica, escárnio e ódio por parte de progressistas e libertários há muito tempo, já que sua linguagem vaga e aberta foi usada por décadas contra ícones de esquerda, tais como Eugene V. Debs, Emma Goldman, Benjamin Spock, Daniel Ellsberg, Julian Assange e outros. Agora, muitos desses mesmos esquerdistas exigem que seu escopo seja ampliado ainda mais para alcançar o ex-presidente. Se o sapato não cabe no pé, estique-o para caber em seus inimigos políticos, especialmente Trump.

A essência da justiça é que ela deve ser igualmente aplicável a todos. Mirar em certos indivíduos, mesmo que patifes, viola princípios jurídicos fundamentais que remontam à Bíblia, como a advertência contra "reconhecer rostos" (*lo takir panim*) – de onde vêm as vendas nos olhos da estátua da justiça, e a balança equilibrada em suas mãos.

A Constituição americana estabelece a proteção igualitária da lei e proíbe "leis de ocasião", como as empregadas pelo Parlamento britânico a fim de punir determinados indivíduos considerados ameaças para o Estado. Um ditador sul-americano disse certa vez que *"aos amigos, tudo; aos inimigos, a lei"*. Usar a lei como arma para atingir inimigos políticos é o caminho das tiranias; não das democracias. Como Lavrentiy Beria, o notório chefe da KGB soviética, assegurou a Stálin: *"Mostre-me o homem, e eu encontrarei seu crime"*.

Hoje, "o homem" é Donald Trump. E os radicais que querem "cercá-lo" estão tentando desesperadamente "descobrir" crimes – ou, em alguns casos, como na tentativa de assassinato de Tribe, simplesmente inventá-los. Eles podem ter sucesso se persistirem na sua busca desenfreada, porque, como meu amigo e colega Harvey Silverglate observou em seu livro magistral *Three Felonies a Day* ["Três Crimes por Dia", em tradução livre]: *"Todo cidadão soviético cometeu pelo menos três crimes por dia, porque os estatutos criminais foram escritos de forma muito ampla a fim de cobrir as atividades normais do dia a dia. O Partido Comunista decidia quem processar entre os milhões de criminosos possíveis"*.

A lei americana não é tão aberta ou arbitrária, mas os estatutos que preveem delitos como conspiração, obstrução, espionagem, sedição, manipulação inadequada de segredos e leis eleitorais são vagos o suficiente para permitir um abuso de discricionariedade. Como o juiz e ex-promotor Robert Jackson advertiu sobre a lei criminal americana:

> Com os livros de Direito estão repletos de uma grande variedade de crimes, o promotor tem uma boa chance de encontrar pelo menos uma violação técnica de algum ato por parte de quase qualquer pessoa. Nesses casos, não se trata de descobrir a autoria de um crime e depois procurar o homem que o cometeu; é uma questão de escolher o homem e depois pesquisar nos livros de Direito, ou colocar investigadores para trabalhar a fim de atribuir alguma ofensa a ele.

Essa é uma abordagem realmente perigosa quando um procurador especial é nomeado para investigar, e possivelmente processar, indivíduos determinados.

Procurar crimes ou fabricá-los é antiético e antidemocrático, sobretudo se o alvo for concorrer contra o presidente em exercício nas eleições seguintes. Ninguém está acima da lei, e buscar crimes com o objetivo de influenciar uma votação viola a aplicação isonômica do Direito. A fim de assegurar a aplicação igualitária em situações comparáveis, propus dois parâmetros para indiciar um provável candidato do partido adversário: o critério Richard Nixon e o critério Hillary Clinton.

O primeiro requer um consenso bipartidário: os crimes de Nixon foram tão sérios e óbvios que os líderes de seu próprio partido exigiram sua renúncia – impeachment – e abertura de processo. Ele destruiu evidências, corrompeu, pagou suborno e se envolveu em atividades que claramente constituíam obstrução à justiça, além de possivelmente ter cometido outros crimes. No momento atual, profundamente polarizado, dificilmente um consenso ocorrerá. É improvável que líderes republicanos concordem que Trump deve ser processado, independentemente dos indícios de sua culpabilidade.

Uma variação razoável desse critério poderia ocorrer se a evidência de crime grave fosse tão clara que um número considerável de republicanos concordaria com a abertura do processo, eliminando assim a plausabilidade da alegação de que se tratou de uma manobra partidária para afetar a eleição presidencial subsequente. O Comitê de 6 de janeiro da Câmara dos Deputados incluiu dois republicanos cuidadosamente selecionados que defendem a necessidade de uma ação judicial em face de Trump, mas nenhum deles pode ser considerado membro tradicional do partido: um foi derrotado nas prévias republicanas; o outro renunciou ao cargo.

Para que o segundo parâmetro seja alcançado, a acusação contra Trump teria que estar muito além da manipulação inadequada de dados confidenciais e de segurança nacional feita por Hillary Clinton. Ela era candidata democrata à presidência enquanto sua investigação estava em andamento, e não foi processada, apesar das alegações de que teve acesso e destruiu conteúdo restrito. Parte dessas alegações é contestada, como também o são algumas das feitas contra Trump. Embora não tenha sido formalmente acusada, as declarações impróprias do ex-diretor do FBI James Comey podem ter influenciado a sua derrota eleitoral. Mas é a ausência de uma ação judicial, e não a presença de declarações inapropriadas do FBI, que constitui o fator crítico. Se o público americano realmente acredita que o mau comportamento de Trump é equivalente ao de Clinton perante a lei, muitos verão o seu indiciamento como a aplicação de um critério duplo baseado em considerações partidárias.

Essa diretriz se aplica especificamente ao acesso pós--investidura por parte de Trump a documentos carimbados como sigilosos, como também é aplicável a outras supostas más condutas que não foram julgadas quando cometidas por outras pessoas.

Observar esses parâmetros é especialmente importante, pois Trump pode estar concorrendo à presidência contra aquele legitimado para indicar os principais nomes do Departamento de Justiça. Esses funcionários devem ter escrúpulos para evitar uma injustiça real ou até mesmo aparente. Para eliminar essa preocupação, o procurador-geral Merrick Garland nomeou um promotor especial.

Mas o grupo que quer perseguir Trump está dificultando as coisas para Garland poder fazer, e mostrar que está fazendo, justiça. Esses extremistas não apenas não se importam com a aplicação igualitária da lei, mas também exigem um critério duplo contra Trump precisamente porque acreditam que ele é mais perigoso e mais perverso do que Hillary Clinton (muitos fanáticos anti-Clinton acreditavam no contrário). A pressão para Garland processar o ex-presidente, sobretudo vinda da esquerda de seu partido, pode ser irresistível. No mínimo, sujeitará qualquer decisão do Ministério Público à acusação de que foi influenciada pelo fanatismo dos que querem "perseguir Trump".

Esse perigo também não foi eliminado pela nomeação, feita por Garland, de um promotor especial a fim de investigar a suposta posse indevida de material sigiloso pelo atual presidente americano Joe Biden depois de deixar a vice-presidência. A nomeação foi pensada para criar a aparência de justiça e igualdade. Mas um presidente em exercício não pode ser processado criminalmente, ao passo que um ex-presidente pode. É improvável que qualquer um deles seja indiciado pelo manuseio incorreto de informações sigilosas, mas Trump também está sendo investigado por outros supostos crimes relacionados à contestação dos resultados da eleição e aos eventos de 6 de janeiro.

Além de visar o próprio ex-presidente, a campanha "vamos perseguir Trump" está atrás dos advogados dele e de qualquer pessoa associada a ele. Mirar em seus prepostos é especialmente preocupante uma vez que ameaça o direito, previsto na Sexta Emenda, à assistência efetiva de um advogado. Bons advogados têm, compreensivelmente, medo de se tornarem objetos de inquérito criminal ou mesmo de serem investigados pela Ordem dos Advogados se ousarem defender Trump. Até eu, que nunca fui suspeito ou acusado de qualquer má conduta durante minha representação de Trump no Senado, fui denunciado, punido e tive o registro cancelado. Minha família também foi atacada. Vários advogados de primeira linha me disseram que não querem ser *dershowitzados*, sujeitados às mesmas punições que eu.

Recentemente, o FBI apreendeu os telefones de alguns dos advogados de Trump (e outras pessoas). Como consequência, esses patronos entraram com pedidos de escusas devido a conflito de interesses. Isso me lembra do que experimentei na União Soviética, no final dos anos 1960 e início dos anos 1970, quando representei dissidentes e *refuseniks*. Sempre que eu contratava um advogado soviético para me auxiliar, ele era investigado e, às vezes, até deportado. Isso nem sempre foi visto como algo ruim, e alguns advogados judeus até se ofereceram para me ajudar exatamente para ser deportados! Mas os Estados Unidos não são a União Soviética, e os patronos americanos não querem ser investigados ou processados.

Experimentamos uma reação semelhante durante o macarthismo, quando patronos americanos foram punidos por representar comunistas e camaradas que haviam sido acusados. Muitos bons profissionais, escritórios e organizações se recusaram a defender as vítimas do macarthismo porque não queriam ser investigados ou marcados com a acusação de serem comunistas, camaradas ou apoiadores.

Quando eu estava na faculdade, era um anticomunista fervoroso, mas defendia os direitos dos comunistas de ensinar e discursar. Isso levou o presidente direitista da faculdade a se recusar a me recomendar para bolsas de estudos, como a Rhodes. Hoje, eu me oponho a muitas das políticas de Trump, mas defendo seus direitos constitucionais, por isso também sou chamado de apoiador e facilitador por esquerdistas. Até mesmo um dos meus amigos de infância mais antigos me escreveu: *"É bastante óbvio que seu viés pró-Trump está influenciando seus pontos de vista, só gostaria de descobrir a razão"*. Aparentemente, nunca ocorreu a ele que meus pontos de vista sempre foram em prol das liberdades civis para todos!

Os advogados devem ser encorajados a representar pessoas das quais discordam política e ideologicamente, ou apenas apoiadores representarão réus controversos. Atualmente, são desencorajados – ou algo pior – a tal. Isso tem sido problemático sobretudo no caso de Trump e seus associados. O que é verdade para o ex-presidente republicano hoje pode ser também no futuro para democratas polêmicos.

. O ordenamento jurídico americano é embasado em precedentes, que abre apenas duas alternativas: serem seguidos e comprometerem os direitos das futuras figuras públicas; ou não serem seguidos e transformarem a lei em uma arma ad hoc apta a selecionar oponentes políticos. O juiz Robert Jackson certa vez criticou uma decisão da Suprema Corte por ser proferida com um fim específico sem criar o precedente, comparando-a a uma passagem de trem limitada: apenas para certo dia e hora. A Suprema Corte, em Bush versus Gore, abriu-se para críticas semelhantes quando a maioria se esforçou para dizer que *"nossa consideração é limitada"* às *"circunstâncias atuais"*.

Nenhuma das alternativas é aceitável em uma democracia governada pelo Estado de Direito.

Em pelo menos um aspecto, os ataques atuais pelos fanáticos do "vamos perseguir Trump" aos direitos fundamentais são ainda mais perigosos do que os anteriormente feitos pelos macarthistas. Esses eram geralmente representantes do passado da América. O macarthismo durou menos de uma década, e seus efeitos foram rapidamente superados (exceto para os que foram permanentemente feridos). Muitas vítimas foram glorificadas quando chegou ao fim. O maravilhoso filme *Testa de Ferro por Acaso* (1976) captura tanto os males da época quanto as suas consequências, tendo sido escrito, dirigido e interpretado por artistas da lista negra.

As lições dessa experiência permaneceram conosco por um período considerável de tempo. Tragicamente, no entanto, não foram aprendidas – ou pelo menos aceitas – pela brigada dos que querem "perseguir Trump". Aqueles que defendem e praticam a eliminação ou redução das liberdades civis em seus esforços para persegui-lo tendem a ser mais jovens, representando o futuro da América. Isso inclui muitos professores que promovem, para os futuros líderes, uma atitude de desdém para com direitos constitucionais que são vistos como obstáculos ao seu progresso utópico. Eles falham em, ou se recusam a, ver o futuro distópico que suas atitudes e ações ameaçam impor à nação americana. E essa visão não se limita ao atual movimento dos que querem incriminar Trump. Ela abraça mais amplamente as garantias civis; em especial, a liberdade de expressão e o devido processo legal para aqueles que ficam no caminho do "progressismo *woke*".

Pela primeira vez em minha vida adulta, pessoas que há muito se dizem progressistas, libertários e defensores do Estado de Direito estão destruindo explicitamente a Constituição americana e diminuindo a importância dos direitos básicos. Se elas representam o futuro, este realmente é sombrio.

Muitos dos que estão engajados nesse esforço de "perseguir Trump" procuram justificá-lo a qualquer custo, e dizem que "isso é diferente". Realmente acreditam que nunca antes na História americana enfrentamos ameaças comparáveis às que se revelam com a eleição de Donald Trump em 2024. Jesse Wegman escreveu um artigo de opinião para o *The New York Times*, argumentando que Trump não é elegível para concorrer porque ele *"se envolveu em insurreição ou rebelião"*: *"Estou aberto a usar qualquer meio constitucional para impedi-lo de até mesmo tentar um retorno à Casa Branca"*. Ao que tudo indica, isso inclui esticar as palavras e a intenção da Constituição para que se ajustem a essa situação "diferente".

A História nos ensina que todos os esforços para negar direitos básicos e liberdades civis foram justificados pela alegação *"a situação é diferente"*. Os Atos de Estrangeiros e Sedição foram aprovados porque a ameaça da França era "diferente". Lincoln suspendeu um recurso de habeas corpus porque a ameaça de uma vitória confederada era "diferente". Wilson autorizou os Ataques Palmer porque a ameaça de anarquia era "diferente". Roosevelt confinou 110 mil nipo-americanos porque a ameaça do Japão era "diferente". O macarthismo foi justificado porque a ameaça do comunismo era "diferente". A reação exagerada aos protestos, às vezes, violentos contra a Guerra do Vietnã foi justificada porque essa ameaça era "diferente". A tentativa de suprimir a publicação dos documentos do Pentágono foi explicada à Suprema Corte porque a divulgação desses documentos seria "diferente". A aceitação de práticas como afogamento simulado e longas detenções após os ataques de 11 de setembro foi justificada porque o terrorismo é "diferente". Agora ouvimos que a ameaça seria "diferente" caso os americanos decidam reeleger Trump.

Dizem-nos que a Constituição não é um pacto suicida, mas também não pode ser ignorada simplesmente porque as coisas são "diferentes". É a Carta mais longeva já registrada. Ela sobrevive há tanto tempo porque se adapta às novas circunstâncias. Em geral, tem feito isso expandindo direitos em vez de contraí-los. O professor Tribe exagerou quando descreveu a decisão que anulou Roe versus Wade como sendo a primeira vez que os americanos foram dormir à noite com menos direitos do que tinham ao acordarem. Mas não é exagero dizer que raramente na História americana tantos supostos libertários civis, incluindo Tribe, estiveram dispostos a comprometer direitos básicos a fim de impedir a eleição de um candidato que representaria perigos "diferentes".

Sobrevivemos à eleição de servidores públicos muito ruins, incluindo presidentes. Sobrevivemos a ataques de inimigos em terras estrangeiras e em casa. Seria notável se o acontecimento responsável por diminuir as garantias dos americanos fosse o medo de eleger um candidato desaprovado como Donald Trump.

Votei contra Trump duas vezes e exijo meu direito constitucional de votar contra ele uma terceira vez se ele for indicado. Esse direito fundamental não deve ser tirado de mim ou daqueles que votariam nele por cidadãos ou burocratas que querem "perseguir Trump a qualquer custo" preparados para usar o sistema judicial como arma a fim de impedir sua candidatura.

Democratas e republicanos, progressistas e conservadores, velhos e jovens, negros e brancos, todos devem permanecer unidos contra esforços que empreguem táticas típicas de regimes totalitários para minar a democracia, a saber: procurar e encontrar crimes técnicos, obscuros ou questionáveis, além de outras ações que poderiam ser comprometer seletivamente candidatos da oposição.

Alguns dos meus amigos mais próximos, a quem amo e admiro, sempre me escrevem pedindo para que eu pare de defender os direitos do ex-presidente. Eles temem que a eleição de Trump transforme os Estados Unidos em um regime totalitário. Não conseguem entender o quão eficaz o sistema de freios e contrapesos americano tem sido e continua sendo, como um baluarte contra qualquer pessoa que se torne tirana.

Não há garantia de que a eleição dele não produziria resultados ruins. É por isso que pretendo votar contra ele. Também não é certo que as instituições governamentais protegerão totalmente o povo contra um tirano em potencial. Learned Hand nos lembrou que, quando o espírito de liberdade morre entre os cidadãos, nenhuma instituição pode salvá-lo. A questão difícil é qual resultado tem mais probabilidade de matar o espírito de liberdade: a eleição de Trump, ou o ataque aos direitos conquistados em um esforço para impedir sua candidatura.

Nas próximas páginas, que consistem em artigos e entrevistas em ordem aproximadamente cronológica, atualizados por referência aos eventos atuais, expresso minha certeza de que podemos sobreviver a Trump, mas é incerto que possamos sobreviver aos atuais ataques aos direitos básicos defendidos e projetados por aqueles que tentam perseguir Trump a qualquer custo.

[CAPÍTULO 1]
A Busca na Casa de Trump

Em agosto de 2022, o FBI realizou uma ampla busca em Mar-a-Largo, apreendendo diversos documentos. Sobre a ação, escrevi as seguintes críticas:

O Departamento de Justiça Deveria Ter Requisitado os Documentos por Intimação; Não Invadido a Casa de Trump

A decisão do Departamento de Justiça de realizar uma operação matinal em grande escala na casa de Donald Trump, em Mar-a-Lago, não se justifica com base no que sabemos até agora. Se for verdade que o estopim da operação foi a suposta remoção de material classificado da Casa Branca, pelo ex-presidente, isso constituiria um duplo padrão de justiça.

Não houve operações, por exemplo, nas casas de Hillary Clinton nem do ex-conselheiro de segurança nacional de seu governo, Sandy Berger, por alegações de manipulação incorreta de registros oficiais. Em geral, violações anteriores à Lei de Registros Presidenciais foram punidas com multas administrativas, e não com processos criminais. Talvez existam razões legítimas para aplicar um padrão diferente à conduta de Trump, mas essas ainda não se revelaram óbvias nesse estágio.

A ação mais apropriada teria sido a emissão, pelo Júri, de intimação para que a polícia apreendesse todas as caixas, além do conteúdo do cofre particular de Trump. Isso daria, aos advogados do ex-presidente, a oportunidade de contestar a intimação com base em vários argumentos: que parte do material não era sigilosa; que os arquivos anteriormente classificados foram desclassificados por Trump; que outros documentos podem estar cobertos por privilégios como executivo ou advogado-cliente.

Em vez disso, o FBI, ao que parece, apreendeu tudo o que estava à vista e irá separar os documentos e outros materiais sem que um tribunal decida quais serão submetidos ao Departamento de Justiça.

As buscas e apreensões só devem ser empregadas quando intimações forem inadequadas ante o risco de destruição de provas. É importante notar que o próprio Trump estava a mais de 1,6 mil quilômetros de distância quando ocorreu a busca e apreensão do FBI. Teria sido impossível, portanto, que destruísse o material requerido, especialmente se a intimação exigisse apresentação imediata. Se ele, ou qualquer outra pessoa, destruísse as evidências requeridas, cometeria um crime muito mais sério do que objeto do mandado de busca. É improvável que haja base para acreditar que o mandado foi solicitado por causa de um medo legítimo de que provas intimadas seriam destruídas.

Defensores da operação argumentam que o mandado de busca foi emitido por um juiz. No entanto, qualquer advogado de defesa criminal sabe que esses instrumentos são emitidos de modo rotineiro e menos criterioso do que doces são distribuídos no Halloween. Os juízes raramente exercem a discricionariedade ou mesmo uma supervisão séria. Pode ser diferente quando a casa de um presidente é objeto de busca, mas só o tempo dirá se esse foi o caso aqui.

A justiça imparcial e objetiva não deve apenas ser feita, mas também deve ser vista como tal.

Para os inimigos zelosos de Trump, qualquer coisa que se faça a ele é justificada. Para os apoiadores, nada é. Para a maioria dos americanos moderados e ponderados, no entanto, o ataque do Departamento de Justiça parece – pelo menos nesse momento – injusto ou desnecessariamente conflituoso. Assim, cabe agora a esse órgão e ao FBI justificarem suas ações ao público americano. Eles devem explicar por que parece terem sido aplicados padrões diferentes a democratas, como Clinton e Berger, e a republicanos, como Trump e seus associados.

Os críticos dessa demanda por um único padrão de justiça chamam isso, de forma insultuosa, de *whataboutism*. Um termo mais apropriado seria "o teste do sapato no outro pé". Nenhum ato do governo deve ser aceito a menos que seja igualmente usado no outro pé; em outras palavras, deve-se aplicar igualmente a amigos e inimigos políticos. Essa é a essência da exigência constitucional de igual proteção da lei.

Por enquanto, não nos apressemos em fazer qualquer julgamento. Vamos dar ao procurador-geral, Merrick Garland, e ao diretor do FBI, Christopher Wray, a oportunidade de explicarem suas ações. Se eles se recusarem a fazê-lo, com base na confidencialidade, um perito especial deverá ser nomeado pelo tribunal atribuído a fim de avaliar as evidências apreendidas na casa de Trump em caráter sigiloso. Como alternativa, um verdadeiro comitê do Congresso, composto por democratas e republicanos, deve ser nomeado para investigar essa operação.

É verdade que um presidente ou um ex-presidente não está acima da lei, como também não está abaixo. Os precedentes estabelecidos em relação aos democratas devem ser igualmente aplicados aos republicanos. Ao que parece, esse preceito não foi cumprido nesse caso.

O ônus da prova é do Departamento de Justiça e do FBI, que devem justificar o que parece ser uma justiça desigual.

Nomeação de um Perito Especial

A juíza Aileen Cannon agiu corretamente ao rejeitar o argumento "confie em nós" do Departamento de Justiça, que afirmou que o *tain team* era suficiente para proteger os direitos do ex-presidente Trump. As garantias em jogo são importantes: os privilégios executivo e de advogado-cliente, ambos embasados na Constituição. Essa equipe é composta por funcionários do Departamento de Justiça que se reportam ao mesmo procurador-geral dos promotores do julgamento. A justificativa é que os advogados do Departamento de Justiça devem ser confiáveis para ocultar de outros patronos o conteúdo de material analisado.

Suponhamos, para efeito de argumentação, que a equipe descobriu um documento que seja prova irrefutável a respeito de algo – digamos, uma admissão de Trump a seu advogado de ter destruído deliberadamente vários documentos que foram requisitados. Essa admissão improvável seria privilegiada, pois envolve uma comunicação sobre crimes passados, não futuros. Os membros poderiam ser confiáveis para não a comunicar por meio de uma piscadela ou aceno de cabeça para os advogados do Departamento de Justiça?

Ou considere uma admissão hipotética mais imodesta, digamos, alguma ligação passada com um agente russo. Isso também seria privilegiado. A equipe de contaminação poderia ser confiável para não vazar um boato tão suculento para um jornalista conhecido protegido pelo sigilo de fonte?

Muitos americanos gostariam de ver tais informações divulgadas. Mas a lei, para o bem ou para o mal, exige que sejam mantidas em segredo. Se a norma fosse alterada para permitir a divulgação, os clientes não fariam confissões a seus advogados. Nesse caso, os patronos não apenas não conseguiriam defender seus contratantes de forma eficaz, como também não conseguiriam persuadi-los a fazer a coisa certa, como revelar suas negligências a fim de minimizar os danos.

O mesmo se aplica às informações privilegiadas. A administração Biden, apoiada por seus confiáveis legitimadores acadêmicos, argumenta que um presidente em exercício tem o poder de renunciar ao privilégio executivo de um antecessor que é seu provável oponente nas próximas eleições. Que presidente confiaria em um funcionário sabendo que seu sucessor e futuro oponente pode renunciar ao seu privilégio para obter uma vantagem eleitoral partidária? No entanto, é isso o que esses "especialistas" tendenciosos estão defendendo, desde que o detentor do privilégio executivo seja Trump. Decerto muitos deles estariam argumentando exatamente o contrário se o detentor do privilégio fosse Biden, e Trump, seu sucessor, renunciasse ao privilégio do democrata.

Isso é o que acontece na mídia, na Academia e na política americanas. Os argumentos não são feitos ou julgados por seus méritos ou deméritos. O único critério é qual lado pode ser beneficiado pela forma como a questão será decidida. Um argumento vencedor em seus méritos será atacado se for feito pela pessoa ou parte errada. Um argumento perdedor será elogiado se ajudar a pessoa ou a parte certa.

A Bíblia nos ordena a não "reconhecer rostos" ao tentar fazer justiça. Daí a estátua vendada segurando a balança da justiça. Atualmente, não há vendas ou balanças. Justo é o que ajuda seus amigos e fere seus inimigos. O dedo do partidarismo pesa demais na balança. Princípios neutros costumavam ser elogiados. Agora, são condenados por implicitamente favorecerem o status quo, os poderosos e os que sentem que têm direitos. A Constituição foi rasgada sob o nome falso de "equidade" e reparações. O Estado de Direito foi usado como arma contra a meritocracia e a igualdade sem preconceito racial.

Voltando à decisão da juíza Cannon de nomear um perito especial, há pouco debate sobre os méritos ou deméritos de sua decisão. A discussão se concentra em se isso torna mais difícil "perseguir" Trump. Os libertários civis que tradicionalmente desconfiam do Departamento de Justiça para monitorar a si mesmo estão, de repente, defendendo "equipes de contaminação" internas. Em vez de serem céticos em relação às intrusões do FBI no devido processo legal, pedem medidas mais intrusivas contra o ex-presidente. Sequer se envergonham de que sua hipocrisia partidária seja tão óbvia. O sapato não precisa caber no pé de Trump, desde que possa ser usado para chutá-lo até que fique no chão. Isso não é justiça cega.

[O Tribunal de Apelações dos Estados Unidos para o 11º Circuito reverteu a decisão da juíza Cannon – erroneamente, na minha opinião.]

A Declaração Juramentada de Trump: Quatro Conclusões sobre Culpa e Evidência

A leitura das partes não editadas da declaração juramentada e dos apêndices que o FBI usou para realizar a busca na residência de Donald Trump em Mar-a-Lago leva a algumas conclusões iniciais.

A declaração contém base factual suficiente para o juiz magistrado Reinhardt encontrar uma causa provável a fim de emitir um mandado de busca. Os critérios para usar esse instrumento são muito simplistas, e qualquer juiz, federal ou magistrado, teria agido da mesma forma com base nas informações não editadas contidas na declaração. Assim, Reinhardt não deve ser criticado por sua decisão.

A declaração juramentada e os apêndices parecem excepcionalmente amplos e virtualmente ilimitados. Excluem os quartos do complexo Mar-a-Lago usados por terceiros (hóspedes e membros do clube), mas se estende a praticamente todas as outras áreas onde caixas podem ser armazenadas. O próprio mandado de busca também parece, a meu ver, excessivamente amplo e inconsistente com a exigência da Quarta Emenda de "*descrever especificamente o local a ser revistado e a pessoa ou coisas a serem apreendidas*".

A própria busca pode inclusive ter excedido os termos do mandado, se é verdade que se estendeu ao armário pessoal da sra. Trump e a outras áreas privadas sem evidências de que material relevante tenha sido armazenado lá.

Mais importante ainda, as partes não editadas da declaração juramentada não parecem justificar a decisão do Departamento de Justiça, contrária à decisão do juiz, de solicitar um mandado em vez de seguir a via da intimação. Havia uma causa provável para a obtenção desse instrumento no início do ano, mas nenhum foi solicitado. E, mesmo quando foi emitido, não foi executado por dois dias sugerindo assim a ausência de real urgência.

Tendo em vista que os mandados de busca são tão fáceis de obter, o procurador-geral Merrick Garland afirmou corretamente que o Departamento de Justiça deveria solicitá-los somente quando não houver outra opção razoável. As partes não editadas do depoimento não parecem atender ao padrão de Garland.

Por fim, essas mesmas partes sugerem que pode haver evidências suficientes para buscar e obter a acusação do ex--presidente Trump. No entanto, mais uma vez, o padrão para obter o indiciamento é muito baixo. Como disse certa vez um ex-juiz do Tribunal de Apelações de Nova York: "*Um promotor pode fazer um grande júri indiciar um sanduíche de presunto*".

É precisamente porque é tão fácil obter uma acusação que a discricionariedade do Ministério Público é tão importante. Tecnicamente, é provável que houvesse evidências suficientes para garantir o indiciamento de Hillary Clinton. O grande júri certamente teria acatado a decisão de um promotor de fazê-lo. Porém, decidiu-se não buscar uma acusação no caso dela. Foi correto na época, e seria correto agora também, se a evidência não for maior do que a presente na declaração editada. É possível que as partes editadas forneçam evidências que satisfaçam os padrões de Nixon e Clinton (conforme expus na Introdução da presente obra), mas as não editadas não parecem fazê-lo.

Todas essas conclusões são baseadas em uma rápida revisão preliminar das partes não editadas da declaração. Minhas opiniões podem mudar, dependendo das informações que estiverem por vir. Mas, com base no que li e em meus cinquenta anos de experiência com documentos semelhantes, essas são minhas conclusões.

Veja Por Que Trump Não Foi Apenas Intimado

Agora eu sei por que os documentos do ex-presidente Donald Trump foram apreendidos em uma busca em vez de obtidos por meio de intimação: para contornar seus direitos previstos na Quinta Emenda.

Se Trump fosse intimado a entregar material que pudesse ser sigiloso, seus advogados poderiam alegar que o próprio ato de apresentar esses documentos seria incriminatório. Isso constituiria uma admissão de que ele possuía esses documentos contrabandeados. Esse é um problema comum em investigações criminais, que o Departamento de Justiça geralmente resolve oferecendo ao suspeito "imunidade de produção". Trata-se de um mecanismo constitucional bastante complexo, e ainda assim, frequente. Se um réu recebe imunidade de produção, ele deve entregar os documentos incriminatórios, mas o governo está impedido de usar o fato de que foi ele quem os entregou. O governo permanece livre para apresentá-los por seu conteúdo substantivo, mas não pode dizer onde os obteve nem usar como prova de culpa da fonte que os produziu.

O Departamento de Justiça obviamente não queria dar imunidade de produção a Trump, então contornou de propósito seus direitos da Quinta Emenda simplesmente apreendendo-os quando ele estava a mais de 1,6 mil quilômetros de distância. Como não foram Trump ou seus advogados que os entregaram, o ex-presidente não pode alegar a referida violação. Isso pode parecer muito inteligente, mas também altamente questionável.

Obviamente, qualquer júri facilmente inferiria onde estavam os documentos quando foram apreendidos. Faz pouca diferença prática se foi Trump ou seus advogados quem os entregou, ou se os documentos simplesmente foram encontrados nas suas instalações. Mas os tribunais decidiram que essa distinção é importante.

Isso nem sempre importou. No famoso julgamento de Aaron Burr por traição, Burr se recusou a cumprir uma intimação, alegando que o conteúdo dos documentos requisitados era incriminatório. O presidente da Suprema Corte, John Marshall, aceitou o argumento e anulou a intimação. Desde então, em casos subsequentes, os tribunais passaram a legalmente distinguir entre o conteúdo incriminatório de documentos e a produção ativa propriamente dita.

Quantos anjos podem dançar na cabeça de um alfinete? Na resposta a tais perguntas, a lei costuma fazer distinções sutis.

Se estou certo, então a questão que se coloca é se é apropriado realizar a busca e apreensão para negar a um réu em potencial seu direito de não autoincriminação. Os proponentes da busca argumentariam que, uma vez que não existia alegação legítima de uma possível autoincriminação no conteúdo dos documentos, não houve violação. Os oponentes responderiam argumentando que a suposta distinção conteúdo-produção carece de uma diferença real.

Os proponentes provavelmente vencerão no tribunal se o juiz magistrado, de forma imparcial, considerar que houve causa provável. Mas podem perder perante o júri da opinião pública, onde essa enigmática distinção legal não será compreendida ou justificada.

Talvez haja outra razão pela qual a intimação não tenha sido emitida e, em vez disso, uma busca e apreensão tenha sido realizada. O primeiro ato serve para requisitar documentos específicos; o segundo, por outro lado, pode ser mais abrangente e alcançar evidências incriminatórias não especificadas no mandado, desde que estejam "à vista". A diligência também pode ter sido projetada para enviar uma mensagem de que o Departamento de Justiça está jogando duro e usará todos os recursos à sua disposição para intimidar Trump e seus advogados.

Essas questões serão, por fim, resolvidas em um tribunal. Mas, se o objetivo daqueles que empregam essas táticas é impedir que Trump concorra à presidência novamente ou afetar negativamente suas chances de vencer, essas estratégias podem ser rechaçadas pelo tribunal da opinião pública.

A administração da justiça não é um jogo. As regras não devem apenas ser justas, mas devem ser percebidas claramente pelo público como justas. Elas também devem ser vistas como aplicadas igualmente. Essas táticas não foram usadas contra Hillary Clinton ou Sandy Berger por violações comparáveis dos estatutos subjacentes relevantes. Assim, mesmo que possam ser abstratamente justificadas, ainda podem não refletir uma proteção imparcial – e uma aplicação imparcial – da lei.

Este É o Fim do Privilégio Executivo?
Ou Apenas para Trump?

Em seu recurso contra o mandado da juíza Aileen Cannon de nomeação de um perito especial, o governo Biden está assumindo a posição de que o atual presidente pode renunciar às reivindicações de privilégio executivo de seu antecessor, mesmo que este provavelmente concorra contra ele na próxima eleição. Então, vamos ver como as coisas teriam se desenrolado se o sapato estivesse no outro pé.

Imagine se o ex-presidente Donald Trump tivesse tentado renunciar ao privilégio executivo de seu antecessor, relacionado à decisão do presidente Barack Obama de permitir que o Conselho de Segurança das Nações Unidas condenasse Israel por sua contínua "ocupação" do Muro das Lamentações, e das estradas para a Universidade Hebraica e o Hospital Hadassah. Muitos no governo Obama se opuseram a essa resolução unilateral e queriam que os Estados Unidos a vetassem, como fizeram com resoluções anti-Israel anteriores. Mas o então presidente instruiu sua representante na ONU, Samantha Powers, a mantê-la.

Trump sabia que concorreria contra o vice-presidente de Obama, e que poderia obter uma vantagem eleitoral se o Congresso realizasse audiências sobre a controversa decisão do seu antecessor. Que conselho Biden deu a Obama? É verdade que Powers queria vetar a resolução, mas Obama a proibiu para se vingar do primeiro-ministro israelense Benjamin Netanyahu por seu discurso contrário ao acordo com o Irã?

A divulgação dessas negociações privilegiadas poderia muito bem ter prejudicado Biden com os eleitores pró-Israel. E se Obama tivesse sido chamado por um comitê do Congresso para entregar todas as comunicações internas, escritas e orais, sobre sua decisão e reivindicasse privilégio executivo? E se o então presidente Trump renunciasse ao privilégio de Obama?

De uma coisa sabemos com certeza: muitos dos especialistas acadêmicos e comentaristas da mídia que agora apoiam o argumento de que um presidente em exercício pode renunciar ao privilégio de seu antecessor estariam defendendo exatamente o contrário. Eles estariam dizendo, como estou dizendo agora, que os presidentes relutariam em ter comunicações confidenciais com seus assessores se soubessem que poderiam se tornar públicas por seu sucessor para obter vantagem eleitoral partidária. Isso marcaria essencialmente o fim do privilégio executivo, que está enraizado no Artigo II da Constituição americana.

O uso da Constituição e da lei como armas a fim de obter vantagem partidária tornou-se tão difundido, especialmente na Academia e na mídia, que princípios ou precedentes neutros deixaram de ser a base das posições de especialistas e comentaristas, não sendo mais possível prever o discurso que adotarão. Previsões precisas exigem que saibamos quais pessoas ou partidos serão ajudados ou prejudicados por determinados resultados. A hipocrisia reina. E aqueles que se envolvem nisso sequer ficam constrangidos quando seus critérios duplos são expostos. O princípio atual é que os fins justificam os meios, especialmente se o fim for o fim de Trump.

Os democratas também não são os únicos culpados. Talvez o exemplo mais flagrante de hipocrisia partidária tenha sido a forma como a bancada republicana do Senado tratou a nomeação de Merrick Garland, em 2016, e a nomeação de Amy Coney Barrett, em 2020, como juízes da Suprema Corte. Os republicanos recusaram uma audiência a Garland em 2016 porque estava muito perto da eleição, mas apressaram a nomeação de Barrett poucas semanas antes da votação de

2020. Sempre que solicitados a justificar seu óbvio padrão duplo, sua única resposta era "porque nós podemos".

"Porque nós podemos" tornou-se o mantra atual de ambos os partidos. Princípios neutros, que se aplicam igualmente sem levar em conta vantagens partidárias, são para os fracos, e não para líderes ou outros funcionários do governo.

"Eles também fazem isso" é a desculpa do dia. Ambos os partidos a usam, a despeito de sua invalidez, mesmo no jogo duro da política. Duas violações constitucionais não se anulam. Elas só pioram as coisas.

O privilégio executivo é importante para ambos os partidos, e para o Estado de Direito constitucional. A vitória partidária de hoje para os democratas, se o seu argumento de renúncia for aceito, se tornará sua própria derrota caso os republicanos assumam o controle.

Então, cuidado com o que você deseja. O sonho de hoje pode se tornar o pesadelo de amanhã.

[CAPÍTULO 2]
Investigando e Punindo Apoiadores de Trump

Vários dos advogados e conselheiros de Trump foram investigados e/ou indiciados. Reclamações na Ordem dos Advogados foram feitas contra mim e contra outros por um grupo altamente partidário chamado 65 Project (do qual falarei ainda neste capítulo). Escrevi vários artigos sobre como considero isso um produto do duplo padrão de justiça.

A Suspensão de Giuliani de Praticar Advocacia É Inconstitucional

Rudy Giuliani foi suspenso de praticar advocacia, principalmente por conta de declarações que fez fora de tribunal, protegidas pela Primeira Emenda. O júri da Divisão de Apelação de Nova York suspendeu o ex-prefeito da cidade e ex-procurador dos Estados Unidos sem lhe dar a oportunidade de contestar as acusações contra ele em uma audiência probatória. Além disso, ele foi punido por falas realizadas na televisão, ou seja, fora da corte.

Estou particularmente familiarizado com muitas de suas declarações porque presto assessoria à equipe jurídica que representa o CEO da *MyPillow*, Mike Lindell, que está sendo processado pela *Dominion Voting Systems* por difamação em relação aos próprios comentários de Lindell a respeito das eleições de 2020.

Embora Giuliani tenha direito a uma audiência pós-suspensão, parece claro que os juízes já se decidiram, dizendo que o resultado "provavelmente" será "*sanções permanentes substanciais*", expulsão da Ordem dos Advogados americana.

Os tribunais há muito sustentam que um advogado não tem direito à proteção total da Primeira Emenda para declarações feitas no tribunal. Isso é compreensível, já que o profissional tem uma obrigação especial de ser sincero com juízes e jurados. Mas não há argumentos convincentes para que alguém, seja ou não advogado, tenha negada a proteção total da Emenda quando participar do mercado de ideias na televisão, podcasts ou outras mídias, mesmo representando um cliente.

Quaisquer declarações feitas em tal contexto podem ser refutadas e, portanto, o público não precisa de proteção especial contra afirmações de advogados. Isso é especialmente verdadeiro quando as falas dizem respeito a eventos políticos importantes e controversos, como uma eleição.

Não há dúvida de que as declarações de Giuliani na mídia, se tivessem sido feitas por alguém que não é advogado, teriam sido totalmente protegidas pela Primeira Emenda, mesmo se fossem falsas. Isso ocorre por duas razões: todo cidadão deve ter o direito de expressar opiniões controversas, mesmo se equivocadas, sobre uma eleição contestada; e todo cidadão deve ter o direito de ouvir tais opiniões e formar seu próprio convencimento.

Considere a controvérsia sobre a causa da disseminação da covid-19: inicialmente, as pessoas foram convencidas em plataformas de mídia social pela sugestão de que o vírus pode ter se originado em um laboratório de pesquisa na China. A teoria, embora ainda não comprovada, vem sendo amplamente aceita e discutida como uma possibilidade real, porque o mercado de ideias e informações mudou a cabeça das pessoas.

As regras sobre a suspensão de Giuliani são tão vagas que não satisfazem os padrões do devido processo legal, especialmente no que diz respeito ao discurso público, e é necessário que se tenha clareza antes que seja suprimido.

O tribunal citou um artigo que permite a expulsão da Ordem por certas condutas, incluindo discurso que *"reflete negativamente a aptidão do advogado como advogado"*. É difícil imaginar uma norma mais aberta, tão sujeita a uma interpretação discricionária. A comissão também citou uma regra que exige a expulsão por fazer conscientemente *"declarações falsas de fato ou lei a uma terceira pessoa"*.

Se essas regras fossem aplicadas de forma justa e equitativa, milhares de advogados seriam expulsos todos os anos. Eu pessoalmente conheço dezenas de profissionais que aparentemente violaram essas regras. Mentir e exagerar são muito comuns em delação premiada, negociações e captação de clientes. E, no entanto, esses pecados nunca são a base para ação disciplinar contra reincidentes. Posso documentar diversos casos semelhantes em que conselhos disciplinares em Nova York e em outros lugares não fizeram nada contra advogados que cometeram má conduta muito mais flagrante do que a alegada contra Giuliani, incluindo a do promotor que resultou na condenação de réus inocentes. Giuliani é claramente vítima de suspensão seletiva com base no conteúdo político de seu discurso público, e não em princípios neutros.

Quando cheguei à maioridade, na década de 1950, havia muitas suspensões seletivas e expulsões de advogados. Naquela época, as vítimas eram, em grande parte, radicais de esquerda – comunistas, ex-comunistas e "camaradas" –, ou advogados de direitos civis do Sul. Hoje, as vítimas da aplicação seletiva são, em grande parte, apoiadores de direita do ex-presidente Trump. Os perigos para as liberdades civis e para os direitos constitucionais são semelhantes em todos os casos.

Seja um progressista ou um conservador, um democrata ou um republicano, todos devem se preocupar quando qualquer advogado, tenha ele sua conduta aprovada ou desaprovada, é suspenso sem audiência com base em critérios vagos que restringem a liberdade de expressão. Como um democrata progressista que votou no presidente Biden e acredita que sua eleição foi justa e legítima, discordo veementemente da decisão no caso Giuliani.

O Indiciamento de Navarro É Inconstitucional

O indiciamento de Peter Navarro por desacato ao Congresso viola várias disposições da Constituição e deve ser rejeitado. Navarro tem um forte argumento de privilégio executivo que deve ser decidido pelos tribunais antes que qualquer acusação possa ser legalmente emitida.

O Departamento de Justiça e o Congresso devem buscar uma decisão que invalide a alegação de Navarro. Se conseguirem, o tribunal determinará a ele que responda à intimação do Congresso. Se ele não cumprir a ordem judicial, pode ser processado e detido por desacato.

Todavia, sem a ordem, Navarro não pode ser legalmente indiciado por invocar a prerrogativa executiva e se escusar de revelar material supostamente privilegiado só porque um comitê do Congresso, controlado pelos democratas, votou que ele deveria. Não basta permitir que ele recorra após o fato, pois a informação, uma vez revelada, não pode ser apagada. Ele precisa reivindicar o privilégio agora e se recusar a responder. Isso não é um crime. É a ação constitucionalmente correta.

O indiciamento de Navarro viola vários direitos constitucionais fundamentais, incluindo o devido processo legal, a *fair warning* e o privilégio executivo. Também viola a separação de poderes, segundo a qual os tribunais têm autoridade para resolver conflitos entre os poderes Legislativo e Executivo envolvendo a alegação do privilégio executivo em resposta a intimações legislativas. O devido processo legal e a advertência justa exigem que essas questões sejam primeiro resolvidas pelos tribunais antes que uma acusação possa ser emitida.

O Departamento de Justiça de Biden conhece a lei e não deve agir contra ela para defender questões políticas. Os eventos de 6 de janeiro de 2021 foram errados, e o Congresso tem o direito de investigá-los e emitir as intimações cabíveis, sempre observando a Constituição. Fins legítimos não justificam meios ilegítimos, e denunciar uma decisão executiva anterior sem obter uma ordem judicial é uma tática contrária à lei.

Assim, Navarro deve peticionar para rejeitar a acusação, e o tribunal deve aceitar sua petição. Mas, em uma era de aplicação partidária da lei, está longe de ser certo que a justiça imparcial será feita. Alguns tribunais também foram apanhados em injustiças orientadas para os resultados. Como são compreensivelmente tão contrários ao que aconteceu em 6 de janeiro e tão determinados a garantir que não se repita, eles são estimulados a permitir que pessoas (como eles próprios) peguem atalhos e neguem o devido processo legal e outros direitos a qualquer um supostamente cúmplice desses eventos. Não é assim que o sistema deve funcionar; é inconsistente com a justiça constitucional.

Na atual era de polarização generalizada, muitos juízes dão uma espiadinha sobre suas vendas e decidem de maneira diferente com base nos rostos e afiliações políticas dos litigantes. Cada sentença e decisão – seja por um juiz ou funcionário do Departamento de Justiça – deve passar pelo "teste do sapato no outro pé". Deve ser a mesma, independentemente do rosto, nome, raça, etnia, religião, gênero ou afiliação política.

Portanto, a pergunta a ser feita é "esse Departamento de Justiça teria indiciado um ex-funcionário do Executivo democrata que reivindicou privilégio executivo em resposta a uma intimação do Congresso?". Poderemos descobrir a resposta quando os republicanos controlarem a Câmara e emitirem intimações para funcionários da Casa Branca de Biden. Espero que não chegue a esse ponto, porque dois erros não se traduzem em um acerto. Mas pode chegar, pois um precedente perigoso estabelecido por um partido no comando provavelmente será usado pela oposição quando obtiver o controle.

Indiciar, sem primeiro obter uma decisão judicial, um ex-funcionário do Executivo que reivindicou privilégios é um precedente muito perigoso; não apenas para outros ex-funcionários, mas também para os cidadãos comuns. Considere um cidadão que se recusou a responder perguntas do Congresso sobre conversas com seu padre ou médico, ou um advogado que se recusou a divulgar informações confidenciais que recebeu de um cliente. Se essa acusação for mantida, esses cidadãos também poderão ser indiciados antes que seu sigilo privilegiado seja julgado por um tribunal. Um precedente perigoso, de fato, para o Estado de Direito, a Constituição e os direitos de todos os americanos.

O Indiciamento e a Prisão de Stone Levantam Sérias Questões

O indiciamento de Roger Stone, ex-associado de Donald Trump, segue um longo padrão que deve levantar sérias preocupações sobre o ex-conselheiro especial. Como em praticamente todos esses indiciamentos, este não denuncia nenhum crime grave relacionado à Rússia que tenha sido cometido antes da nomeação do procurador especial, contravenções que surgiram da investigação e foram supostamente cometidos depois que Robert Mueller foi nomeado em 2017.

É preciso lembrar que o trabalho principal do procurador especial era identificar crimes que já haviam ocorrido e que estavam relacionados ao envolvimento da Rússia nas eleições de 2016. Mueller também foi autorizado a investigar e a processar crimes decorrentes da investigação, como perjúrio e obstrução da justiça, mas esse papel era secundário em relação ao principal. Acontece que o secundário produziu muito mais indiciamentos de americanos do que o principal. Uma revisão dos indiciamentos e confissões de culpa feitas por Mueller mostra que quase todos se enquadram em três categorias.

Na primeira, estão os crimes processuais, como perjúrio, obstrução, declarações falsas e adulteração de testemunhos que resultaram da própria investigação. Isso não os torna menos sérios, mas pertinentes para avaliar o sucesso ou fracasso geral da missão principal. Na segunda, estão os crimes que ocorreram antes da nomeação de Mueller, mas que cobrem atividades comerciais independentes por parte de associados do ex-presidente. O objetivo é pressionar os réus a fornecer provas contra Trump. O terceiro é um indiciamento contra indivíduos russos que nunca serão levados à justiça nos Estados Unidos. Esse, em grande parte, foi apenas uma fachada.

A estratégia usada pelo procurador especial, conforme descrito pelo juiz T. S. Ellis III, foi encontrar crimes cometidos por associados de Trump e indiciá-los para pressioná-los a cooperar. Isto foi o que ele disse sobre o indiciamento do presidente da campanha, Paul Manafort: *"A fraude bancária do sr. Manafort não é relevante. O que realmente importa é quais informações o sr. Manafort poderia dar que refletiria no sr. Trump ou levaria a seu processo ou impeachment".*

Ellis também apontou os perigos dessa tática: *"Esse jargão específico para cantar é o que os promotores usam. Você tem que ter cuidado é com o fato de que eles podem não só cantar, mas também que podem compor*". Essa é, na realidade, uma tática amplamente empregada, sobretudo no crime organizado e em outros casos hierárquicos. Todavia, o fato de ser corriqueira não a torna correta. "*Os libertários civis há muito expressam preocupação em indiciar alguém com o propósito de fazer com que o indivíduo coopere contra o alvo real*".

Eu venho escrevendo sobre esse assunto há décadas. Na verdade, cunhei o termo "compor" que Ellis citou no tribunal federal. No entanto, a maioria dos libertários civis de conveniência permaneceu em silêncio em relação a Mueller, porque seu alvo é o ex-presidente, a quem eles desprezam. A American Civil Liberties Union, que está cheia de dinheiro desde que Trump foi eleito, expressou poucas críticas às táticas questionáveis usadas pelo procurador especial.

Parece bastante claro que a maneira pela qual Stone foi preso – uma batida matinal em sua casa na Flórida, divulgada pela mídia –, pretendia pressioná-lo a cooperar. Normalmente, um réu de colarinho branco pode se entregar às autoridades, a menos que haja risco de fuga, o que não parece ser o caso aqui, conforme evidenciado por sua baixa fiança. Se Stone "canta" ou "compõe" ainda não se sabe.

Stone declarou que nunca cooperaria, mas o advogado Michael Cohen disse que ele levaria um tiro por Trump antes de se voltar contra ele para obter uma redução de pena. Os promotores têm muitas armas à sua disposição a fim de conseguir a cooperação de testemunhas relutantes, tais como ameaçar indiciar familiares, como no caso Michael Flynn. Os libertários civis devem se preocupar com as táticas que estão sendo usadas por Mueller para fazer as testemunhas "cantarem". Todos os americanos devem se preocupar com o caminho de que "os fins justificam os meios" adotado pelo conselho especial.

Mueller voltou de mãos praticamente vazias quanto a crimes significativos relacionados à Rússia que foram cometidos antes de sua nomeação; e ele pode apontar para as três categorias de supostos crimes descritos acima. É difícil declarar sua investigação um sucesso, ou sua nomeação justificada pelos resultados. Com base no que vimos, teria sido muito melhor se uma comissão apartidária de especialistas tivesse sido nomeada para investigar o envolvimento russo nas eleições de 2016 e fazer recomendações sobre como evitar a interferência estrangeira nas futuras votações americanas.

A Procuradora-Geral de Nova York Está Seletivamente Indo Atrás da NRA?

O anúncio de que o procurador-geral de Nova York está investigando a National Rifle Association e tentando fechá-la levanta sérias preocupações constitucionais. Não sou fã da NRA. Acho que exerce muita influência política contra o controle razoável de armas, que defendo ser consistente com a Segunda Emenda, e está intimamente ligada à lucratividade dos fabricantes. Ela defende posições e apoia candidatos que, mesmo que indiretamente, acredito prejudicar a segurança nacional americana. Nunca contribuirei para a NRA e geralmente votarei contra os candidatos que ela apoia. Mas, parafraseando Voltaire, defenderei fortemente seu direito de estar errado. A NRA tem o direito, de acordo com a Primeira Emenda, de defender esses pontos de vista e fazer uma petição ao governo sobre o que considera uma reparação de queixas sob a Segunda Emenda.

Seguramente, o procurador-geral de Nova York tem autoridade legítima para investigar todas as organizações filantrópicas (ou seja, de caridade) que operam em Nova York. A palavra-chave é "todas". Se o procurador-geral de Nova York está aplicando à

NRA exatamente os mesmos padrões de investigação que aplica a todos os outros grupos de caridade que defendem posições controversas, incluindo progressistas e radicais, então eu não poderia reclamar de uma aplicação desigual da lei.

Mas duvido seriamente que a democrata progressista que atualmente ocupa o cargo de procuradora-geral de Nova York tenha investigado instituições de caridade progressistas com o mesmo vigor com que está indo atrás da conservadora NRA. Na atmosfera altamente politizada de hoje, cabe a ela demonstrar a aplicação igualitária da lei a todas as instituições de caridade em situação semelhante, independentemente de suas posições políticas. Ela não cumpriu esse encargo.

A investigação aparentemente direcionada sobre a NRA faz parte de um problema maior: o uso do sistema de justiça como arma para fins partidários e ideológicos. A justiça deve estar sempre acima do partidarismo. Não pode servir como uma arma para nenhum dos lados nas guerras políticas que estão sendo travadas por ambos neste momento altamente diviso.

Novamente parafraseando, desta vez os romanos: "Quem guardará os guardiões?". Quem está investigando a decisão da procuradora-geral de Nova York de ir atrás da NRA? Por acaso a mídia está buscando seus registros de investigações anteriores a respeito de outros grupos cujos líderes podem ter usado contribuições de caridade para despesas privadas ou mistas? Existem normas que regem a condução de tais investigações? Ou a procuradora-geral reivindica o poder de escolher quais organizações de caridade investigar?

Hoje é a procuradora-geral progressista que investiga a NRA conservadora. Amanhã pode ser um procurador-geral conservador investigando a Planned Parenthood, a ACLU ou organizações antiarmas. A investigação passa no teste "um sapato no outro pé"?

Essas e outras questões devem ser abordadas pela mídia, por grupos de advogados em Nova York e por outros interessados na aplicação igualitária da lei.

Seria um erro para a NRA fazer as malas e se mudar para o Texas, como sugeriu o presidente Trump. Se ela está sendo colocada em destaque por causa de suas posições políticas, deve ficar e lutar. Sob a chamada "doutrina do castelo", defendida pela NRA, ninguém é obrigado a deixar sua casa diante de uma intrusão (sua casa é seu castelo, daí o termo). Eu, pelo menos, não apoio uma ampla aplicação da doutrina do castelo; a NRA, sim. Seria criado um precedente perigoso se um procurador-geral politicamente motivado pudesse forçar um grupo constitucionalmente protegido a deixar o estado por medo de ser investigado de modo seletivo.

Nenhum líder de qualquer instituição filantrópica tem o direito de enganar seus doadores gastando as contribuições em despesas pessoais, e não de caridade. A linha entre os dois nem sempre é clara, sobretudo quando se trata de viagens e acomodações de primeira classe. Mas é justamente porque a linha não é clara que padrões objetivos, igualmente aplicáveis a todos, devem ser transparentes e cumpridos. Na ausência de tais especificações, a procuradora-geral tem muita área para usar seus poderes consideráveis de forma seletiva e injusta.

A aplicação de padrões uniformes é particularmente importante quando se trata de atividades protegidas pela Primeira Emenda. Independentemente do que qualquer um, inclusive eu, pense da política da NRA, ninguém pode duvidar de que sua defesa contra o controle razoável de armas é a atividade central da Primeira Emenda, que deve ser protegida pelos tribunais contra investigações seletivas e esforços para encerrá-la.

Bibliotecas Não Deveriam Censurar um Advogado de Trump

Os fanáticos de direita têm tentado censurar, nas bibliotecas públicas, os livros que consideram questionáveis. Havia manchetes como "*A nova fronteira das 'batalhas de censura': sua biblioteca pública*"; "*A Associação Americana de Bibliotecas se opõe aos esforços generalizados de censura de livros nas escolas e bibliotecas dos Estados Unidos*"; e "*Em um processo, um grupo de usuários de uma biblioteca do Texas diz que a proibição de um livro equivale à censura*".

Mas as bibliotecas fazem mais do que emprestar livros. Eles patrocinam palestrantes. Neste momento, pelo menos uma biblioteca pública está banindo um orador com base inteiramente em fatores partidários e ideológicos. Não estou falando sobre o cancelamento de Drag Queen Story Hour. Desta vez, o palestrante que está sendo banido pelos censores de esquerda, embora tenha sido progressista durante toda a vida, representou o ex-presidente Donald Trump.

Eu gostaria de poder escrever sobre essa importante questão de liberdade de expressão sem tornar isso pessoal. Mas o palestrante banido sou eu, e o local é minha amada biblioteca local em Chilmark, onde passei quase meio século de longos verões.

Durante anos, fui o palestrante mais popular em uma série semanal, que objetivava discutir assuntos que iam de Thomas Jefferson a liberdade de expressão em Israel. As perguntas após minhas apresentações eram contenciosas, inteligentes e instigantes. Mas, assim que comecei a me opor ao impeachment do então presidente Trump, alegando que ele não estava sendo acusado de um crime constitucionalmente previsto, a biblioteca, de repente, alegou que eu era popular demais e que as multidões que eu atraía eram muito grandes.

Então, em vez de simplesmente limitar o público, decidiram não me convidar para dar minha tradicional palestra anual. Desde então, apesar dos repetidos pedidos meus e de outros, eles não me permitiram falar. Mais importante, eles impediram que os moradores de Chilmark, que queriam ouvir os meus pontos de vista, pudessem fazê-lo em sua biblioteca.

A alegação de que atraía um público muito grande foi um pretexto óbvio. Isso me lembra do que Yogi Berra disse uma vez sobre um restaurante popular: *"Ninguém mais vai lá. Está muito lotado".* Se eu tivesse apoiado o impeachment de Trump nesse local, teria sido convidado a voltar todos os anos.

As bibliotecas obviamente podem exercer discricionariedade, convidando quem quiserem. Mas, neste caso, meu desconvite foi causado apenas pelo fato de eu ter defendido um presidente de quem eles não gostavam. O fato de ter votado contra ele duas vezes não exonerou o meu pecado político.

Para colocar esse assunto em um contexto constitucional, suponhamos que uma biblioteca pública de uma pequena cidade do Texas, financiada por impostos, decidiu limitar seus palestrantes apenas aos supremacistas brancos ou apenas aos apoiadores de Trump: tal restrição seria constitucional? Os democratas e os progressistas não estariam em pé de guerra sobre usar o dinheiro do contribuinte para promover um ponto de vista enquanto censuram outro? Claro que sim. E se a biblioteca recusasse um orador progressista que quisesse se opor à supremacia branca alegando que seu público seria muito grande? Alguém levaria essa afirmação a sério?

Eu amo bibliotecas públicas. Grande parte da minha educação secundária ocorreu na filial principal do Brooklyn no Grand Army Plaza. Lá, fui homenageado há vários anos por meu apoio expresso às bibliotecas. Quando falava em Chilmark, sempre a elogiava e revertia o dinheiro da venda de livros para o próprio lugar.

Minha família e amigos em Chilmark não querem que eu processe a biblioteca. "*É muito perto de casa*", diz um. "*É um tesouro local*", diz outro. Eu entendo essas preocupações, e também sei que, se estivesse nas mãos de conservadores pró-Trump, essas mesmas pessoas estariam me encorajando a processá-la.

Sempre vivi minha vida com base em princípios importantes, incluindo a liberdade de expressão e o devido processo legal. Não devo procurar aplicar esses princípios à minha própria biblioteca pública? Se não o fizer, o precedente será usado para proibir oradores mais progressistas em partes conservadoras do país?

Não posso aceitar o critério duplo. Não quero processar minha amada biblioteca e ofereci várias alternativas: limitar o número de membros da audiência, realizar o evento ao ar livre, fazê-lo em junho ou setembro, quando há menos pessoas na cidade.

Até agora, a biblioteca não aceitou nenhuma dessas alternativas razoáveis. Eles aparentemente não querem patrocinar um discurso de alguém que defendeu o homem mais odiado de Chilmark: Donald Trump.

Os residentes da cidade têm todo o direito de me desconvidar de festas, concertos privados e até da arrecadação de fundos para o Jewish Democratic Council of America (como fizeram recentemente). Mas as bibliotecas públicas sustentadas por impostos são diferentes. Seus membros têm o direito de ouvir os oradores que escolherem escutar.

Permitir que selecionem seus palestrantes com base em considerações partidárias viola o espírito, para não dizer a letra, da Primeira Emenda. Não serve aos interesses dos residentes de Chilmark que querem me escutar. Eles podem ser poucos hoje em dia, mas isso só torna a desculpa oferecida ainda mais absurda. A realidade é que alguns apoiadores proeminentes não querem que as minhas opiniões sejam patrocinadas por sua biblioteca. E eles receberam o poder de veto sobre pontos de vista e oradores que os ofendem.

Recentemente, uma placa foi afixada em Oak Bluffs, outra cidade em Martha's Vineyard, e dizia: "*OB dá as boas-vindas a Alan Dershowitz e à LIBERDADE DE EXPRESSÃO*".

Então talvez eu seja convidado a falar lá.

Espero que possamos resolver esse problema de maneira vantajosa para todos. Não quero processá-los, mas não pretendo permitir um precedente sobre o qual as bibliotecas podem decidir quais palestrantes os seus frequentadores devem escutar. O próximo passo será decidir quais livros seus eleitores podem ler com base em considerações partidárias, e não nos interesses dos leitores.

Na verdade, a Biblioteca Chilmark, que incluía vinte dos meus livros antes de eu defender Trump, parou de emprestá-los depois que o fiz. Quando soube dessa censura, doei meus novos livros para eles de modo que os leitores pudessem tomá-los emprestado. Espero que disponibilizem.

Defenderei Qualquer Advogado Visado pelo 65 Project Macarthista

Um grupo de advogados anti-Trump, que se autodenomina 65 Project, se uniu para tentar disciplinar, envergonhar e destruir as carreiras de 111 advogados que entraram com 65 petições – daí o nome – para derrubar a eleição de 2020.

Como alguém que acredita na acuidade da eleição de 2020 e como apoiador democrata de Joe Biden, desaprovei totalmente, por uma questão de política, a maioria desses esforços para anular a votação. Mas desaprovo ainda mais os esforços para atacar os advogados que apresentaram esses documentos.

O projeto é liderado por zelosos democratas de extrema esquerda, embora inclua vários republicanos moderados e alguns advogados bem-intencionados. Mas seus objetivos, conforme descritos por seus apoiadores, são profundamente indecentes.

Como alguém disse: "*Isso é importante sobretudo pelo efeito dissuasor que pode trazer, assim você pode matar o grupo de talentos jurídicos daqui para frente*". Um de seus líderes também disse que seu objetivo era "*envergonhá-los e torná-los tóxicos em suas comunidades e empresas*". Ele reconheceu que "*os peixes pequenos são provavelmente mais vulneráveis ao que estamos fazendo [...] ameaçando seu sustento [...] e sua reputação em suas comunidades*".

Esta não é a primeira vez que grupos de advogados têm tentado destruir a carreira de outros colegas que abriram processos dos quais discordam.

Durante a era McCarthy dos anos 1950, vários grupos jurídicos buscaram destruir a reputação e a carreira de advogados que defendiam os direitos dos comunistas acusados. Durante o movimento pelos direitos civis da década de 1960, vários grupos jurídicos do Sul tentaram fazer o mesmo com os que tentavam desmantelar a segregação.

Mas esta é a primeira vez, que eu me lembre, que centristas, progressistas e esquerdistas se organizaram para atacar advogados por protocolarem peças legais que eles desaprovam.

O macarthismo de esquerda se tornou um problema sério em toda a América. As pessoas estão sendo demitidas, prejudicadas e envergonhadas por expressar opiniões que não são politicamente corretas para progressistas, *wokes* e radicais. A formação do 65 Project está entre as manifestações mais perigosas dessa nova forma de macarthismo de esquerda.

Eu não estava entre o grupo de advogados que foi originalmente visado, mas imediatamente ofereci minha ajuda aos que estavam, apesar de minha forte discordância do conteúdo de seus processos. Parafraseando uma declaração atribuída a Voltaire: discordo fundamentalmente dos esforços legais para anular a eleição de 2020, mas defenderei os direitos dos advogados que o fizeram contra os ataques macarthistas.

As implicações desse novo macarthismo são assustadoras. Há apenas 22 anos, advogados como eu tentaram bloquear a eleição do presidente George W. Bush, acreditando que Al Gore realmente recebeu mais votos do que Bush na Flórida e foi o legítimo vencedor. Perdemos no tribunal. Mas, naquela época, ninguém sugeriu ir atrás das centenas de advogados que tentaram impedir a certificação de Bush. Uma arma perigosa, como o 65 Project, desencadeada pelos democratas, certamente será usada pelos republicanos em algum momento futuro.

Existem medidas corretivas em vigor para advogados que apresentam petições que são frívolas por uma questão de direito. Os tribunais estão preparados para lidar com esses advogados e não precisam da ajuda desse projeto altamente tóxico, cujo objetivo é impedir que os advogados usem os tribunais para desfazer eleições.

Como nação comprometida com o Estado de Direito, os Estados Unidos devem encorajar soluções legais no tribunal em vez de respostas violentas nas ruas. Alguns advogados inevitavelmente irão longe demais, como muitos já fizeram em outros contextos. Mas estabelecer um projeto especial destinado a intimidar profissionais para não se envolverem em tais contestações eleitorais é desprezível.

Portanto, convido outros libertários civis com ideias semelhantes, que possam discordar dos esforços para derrubar a eleição de 2020, mas que definitivamente discordam dos esforços para cancelar o registro de advogados que acreditavam no contrário, a se juntarem a mim em uma defesa apartidária das liberdades civis contra essa tática macarthista.

[Após a publicação deste artigo, o 65 Project apresentou uma queixa contra mim, mesmo sem eu nunca ter contestado os resultados das votações de 2020 ou 2022. O único resultado que contestei foi o de George Bush sobre Al Gore, em 2000. (Ver *Supreme Injustice: How the High Court Hijacked Election 2000* ["Suprema Injustiça: Como a Alta Corte Sequestrou a Eleição de 2000", em tradução livre]) Tenho certeza de que os membros do 65 Project aprovaram meu questionamento àquela eleição.]

Por Que Entrei para a Equipe Jurídica de Mike Lindell

Discordo do fundador do *My Pillow*, Mike Lindell, sobre muitas coisas, incluindo sua crença de que a eleição de 2020 foi roubada de Donald Trump. Eu sou um democrata progressista; ele é um republicano conservador. No entanto, estou representando-o com entusiasmo em seu processo contra o Departamento de Justiça e o Federal Bureau of Investigation (FBI) sobre a recente busca e apreensão de seu telefone.

Assim que foi anunciado que eu me juntaria à sua equipe de defesa, as pessoas perguntaram por que eu representaria alguém que elas acreditam estar tentando destruir a democracia americana. É uma boa pergunta.

É importante que os democratas que apoiam a presidência legítima de Joe Biden e se opõem às violações das normas constitucionais do sr. Trump resistam aos esforços inconstitucionais da administração e dos apoiadores do sr. Biden de abusarem da lei contra adversários políticos, particularmente no sistema de justiça criminal.

É fácil para os republicanos criticarem o Departamento de Justiça por exagerar, assim como foi fácil para os democratas fazê-lo com o governo Trump. O difícil é atacar os dirigentes do próprio partido quando eles vão longe demais. No entanto, é essencial manter a política fora do sistema de justiça – para democratas e republicanos de princípios defenderem o estrito cumprimento das normas constitucionais, independentemente de quem é o boi que está sendo escornado. Essa atitude de princípios foi exemplificada por líderes republicanos que condenaram o sr. Trump por suas perigosas falcatruas eleitorais. Os democratas devem seguir seu exemplo.

Na minha opinião, como libertário civil de longa data, o Departamento de Justiça foi longe demais ao solicitar um mandado de busca contra a propriedade do sr. Trump em Mar-a-Lago. Ele poderia ter pedido ao tribunal para que cumprisse a intimação já emitida e adotasse outras medidas menos invasivas. Também errou ao se opor a um perito especial e exigir que seus próprios advogados fossem os únicos a determinar se houve apreensão de material privilegiado.

Também acredito que o Departamento excedeu sua autoridade constitucional ao solicitar e executar um mandado de busca contra o telefone do sr. Lindell, o que dá aos investigadores acesso aos arquivos de seu computador e a outros dados pessoais e comerciais. Os autores da Constituição abominavam a prática britânica de emitir mandados gerais, os quais davam poderes ao governo para revistar residências e estabelecimentos inteiros. A apreensão e busca de um telefone celular no mundo conectado de hoje é uma busca mais geral do que vasculhar uma casa. Toda a sua vida está armazenada em dispositivos eletrônicos.

Embora o mandado no caso Lindell delimitasse os arquivos que poderiam ser revistados, ele não especificou um protocolo para separar o revistável do privado e privilegiado, deixando assim a critério dos funcionários do Departamento de Justiça fazerem essas análises constitucionalmente graves. É por isso que buscamos uma tutela jurisdicional, incluindo a nomeação de um perito especial e uma liminar contra os advogados do Departamento de Justiça que agora estão vasculhando os arquivos do sr. Lindell. Também estamos tentando abrir a declaração juramentada que acompanhava o pedido de mandado, para saber se o FBI encontrou o sr. Lindell em um restaurante Hardee's em Mankato, Minnesota, por meio de vigilância eletrônica realizada com um mandado.

O poder do governo para vigiar e revistar seus cidadãos não deveria ser uma questão que separa democratas de republicanos ou progressistas de conservadores. Todos os americanos deveriam se preocupar em limitar o poder do governo. Tragicamente, vivemos em uma época em que o partidarismo determina de que lado de uma importante questão constitucional a maioria das pessoas fica.

Se o governo Trump tivesse feito, a um importante apoiador, exatamente o que o governo Biden fez a Lindell, muitos democratas ficariam indignados e apoiariam a reparação judicial. Mas, hoje, poucos advogados democratas representarão republicanos cujos direitos constitucionais foram violados. Essa é uma tragédia que põe em risco a neutralidade da Constituição e da profissão jurídica. Continuarei a defender a Carta Magna, seja a favor de democratas ou de republicanos.

[CAPÍTULO 3]
Sacrificando as Liberdades Civis para Perseguir Trump

Muitos democratas que reivindicaram o manto de libertários civis defenderam táticas contrárias às liberdades civis para impedir que Trump concorra novamente. Tentei expor a hipocrisia deles em meus artigos.

A Importância de Defender o Direito a um Advogado

Às vezes, é preciso um acontecimento absurdo para explicar o alto custo de viver uma vida baseada em princípios. Por quase sessenta anos, tentei imitar John Adams, Abraham Lincoln, Clarence Darrow, Thurgood Marshall, Edward Bennet Williams e outros do panteão de meus heróis jurídicos, representando, como eles fizeram, os réus mais odiados e vilipendiados. Ao fazer essa escolha de carreira, eu sabia que seria criticado por aqueles que não entendem o direito constitucional a um advogado e a necessidade de todo réu receber uma representação zelosa.

Mas, quando professores de Direito como Michael Dorf, de Cornell – que é um acólito, "carregador de água" e o coautor do hipócrita constitucional mais proeminente da América, o professor Laurence Tribe – começaram a me difamar por minha representação de réus impopulares baseada em princípios, percebi em quantos problemas a Constituição americana está metida. Dorf conduziu o que chamou de *"pesquisa do Twitter altamente não científica para o ex-aluno mais embaraçoso da Escola de Direito de Yale"*. Ele colocou meu nome com destaque na lista, porque *"Dershowitz parece ter orgulho especial em defender pessoas cuja suposta conduta ele afirma desaprovar, incluindo especialmente Donald Trump"*. Ele aparentemente se esqueceu do apotegma *"Eu desaprovo o que você diz, mas defenderei até a morte o seu direito de dizê-lo"*, de Voltaire.

Dorf reconhece que algumas pessoas não gostam de mim porque *"eles discordam de sua concepção extrema do advogado como um defensor zeloso"*. Mas ele continua dizendo que mereço uma condenação especial porque *"represento homens que se comportam terrivelmente com as mulheres (por exemplo, Claus von Bülow, O. J. Simpson, Mike Tyson, Jeffrey Epstein, Donald Trump) o que sugere pelo menos a possibilidade de misoginia"*.

Em sua maldade, ele não resistiu à tentação de fazer uma referência velada ao fato de que, certa vez, recebi uma massagem de uma terapeuta profissional na casa de Jeffrey Epstein, anos antes de representá-lo judicialmente. Dorf omitiu os fatos, que foram detalhados em meu livro *Guilt by Accusation* ["Culpado por Acusação", em tradução livre]. Tratou-se de uma massagem nos ombros, que minha esposa também recebeu, e que eu jamais conheci a mulher que me acusou falsamente de fazer sexo com ela anos depois daquela massagem terapêutica e que, agora, reconheceu que pode ter *"cometido um erro ao me identificar"*.

Ao pretender descrever minha *"obra de defesa de homens ao longo da carreira"*, Dorf também omite maldosamente o fato de que defendi mais mulheres do que a maioria dos outros advogados, incluindo Mia Farrow, Patricia Hearst,

Leona Helmsley, Lucille Miller, Sandra Murphy e várias outras menos conhecidas que alegaram terem sido assediadas por homens. Ele também omite deliberadamente o fato de que minha "obra" inclui representar metade dos meus clientes de modo *pro bono* e que muitos dos meus casos se concentram na Primeira e na Quarta Emendas, e na pena de morte. À luz da apresentação deliberadamente distorcida por Dorf, não é de surpreender que eu tenha saído à frente do juiz Alito e até mesmo de Stuart Rhodes (o fundador dos Oath Keepers) na pesquisa de impopularidade da esquerda.

Normalmente, eu ignoraria um empreendimento tão infantil e maldoso porque não tenho ideia de quantas pessoas foram incluídas em seu "polo anticientífico" ou de como foram selecionadas (ele reconhece que a pesquisa teve um viés voltado para advogados e progressistas). Mas o fato de tantas pessoas altamente educadas estarem preparadas para condenar um advogado por exercício de sua profissão nos diz algo que não pode ser ignorado sobre a educação jurídica de hoje.

Portanto, aceitarei minha vitória na lista de desonra de Dorf como um distintivo vermelho de coragem, e continuarei a representar pessoas que ele e seus leitores desprezam. Tenho orgulho de ter estudado na Escola de Direito de Yale e de estar vivendo uma vida de princípios com base no que aprendi lá com professores como Alex Bickel, Telford Taylor, Joseph e Abe Goldstein, Jay Katz e Guido Calabrese. E não acho que ficariam constrangidos com a minha obra. Eles entendiam o papel crucial de um advogado diligente no sistema de desafetos de justiça. Mais importante, entendiam o sistema alternativo que prevalece em tantas tiranias, em que defensores zelosos e seus clientes impopulares são tratados de forma muito pior do que terminar no topo da pesquisa de impopularidade de Dorf.

Réquiem para a União Americana pelas Liberdades Civis

Em um artigo longo e detalhado – um obituário, na verdade – o *The New York Times* anunciou a morte da American Civil Liberties Union (ACLU) como principal defensora da liberdade de expressão nos Estados Unidos. Contando com mais de um século, foi fundada principalmente para defender o direito à expressão e ao devido processo legal para todos os americanos, independentemente de suas opiniões, afiliação partidária, raça ou ideologia.

A ACLU defendeu nazistas, o KKK, pornógrafos e fornecedores de discurso de ódio. Tive o privilégio de servir no conselho nacional da ACLU durante sua era de ouro.

Então, tudo mudou. O conselho decidiu "diversificar". Isso significava que um certo número de mulheres, afro-americanos, latinos e gays tinha que ser representado; o que, por sua vez, significava que os representantes desses grupos deveriam priorizar esses interesses sobre outros mais gerais pertencentes a todos os americanos.

Sem surpresa alguma, a organização parou de priorizar a liberdade de expressão e o devido processo legal. Em vez disso, passou a enfocar o direito de escolha da mulher, o casamento gay, as questões raciais e a "política progressista". Essa tendência começou bem antes da eleição do presidente Donald Trump, mas chegou ao auge quando ele assumiu o cargo. A ACLU se transformou em uma máquina de fazer dinheiro ao priorizar as atitudes anti-Trump de seus novos membros sobre seu papel tradicional de defensora apartidária dos direitos referidos.

A ACLU está nadando em dinheiro, embora intelectualmente falida, em especial quando os direitos originais de sua criação entram em conflito com a agenda progressista de ganhar dinheiro. Isso é particularmente verdadeiro no que diz respeito aos ataques descontrolados à liberdade de expressão e ao devido processo legal nos campi universitários, amplamente ignorados pela atual ACLU.

O artigo do *Times* documenta a morte gradual de uma outrora grande e importante organização e sua transformação em mais um grupo de defesa progressista de extrema esquerda. Mas o *Times* deixou passar a grande história: o que aconteceu com a ACLU é apenas um sintoma do que está acontecendo em toda a América. Um sintoma igualmente importante verificou-se no próprio *The New York Times*. Não espere ver Michael Powell, autor do artigo sobre a ACLU, escrever algo igualmente explosivo sobre o fim do periódico como um veículo objetivo de registro. Novos leitores podem nem saber que o jornal costumava relatar todas as notícias adequadas para serem impressas, em vez de distorcê-las para se adequar a uma agenda política progressista.

Os jovens que destruíram a ACLU foram educados – ou deseducados – nas mesmas instituições cujos graduados agora ocupam a redação do *The New York Times*. Assim, a história da ACLU é a mesma do jornal, como também da CNN, *The Washington Post*, *HuffPost*, Facebook, Twitter e Google. É a história do liberalismo na América morrendo e sendo substituído por uma agenda progressista radical que pouco se importa com a liberdade de expressão, com o devido processo legal ou com outras garantias civis. Esses jovens advogados, jornalistas e editores conhecem "A Verdade" e veem pouca necessidade de opiniões divergentes, do devido processo legal e de outros mecanismos complicados que se interpõem entre eles e sua utopia de extrema esquerda. Esses jovens profissionais não entendem que, sem as garantias civis básicas, toda pretensa utopia se torna uma distopia.

Eles ignoram o que o grande juiz Louis Brandeis disse há um século: *"Os maiores perigos para a liberdade espreitam na intrusão insidiosa de homens zelosos e bem-intencionados, mas sem entendimento"*. Tampouco entendem as palavras igualmente importantes do grande jurista, juiz Learned Hand: *"O espírito da liberdade é o espírito que não tem muita certeza de que está certo; o espírito da liberdade é o espírito que procura entender as mentes de outros homens e mulheres; o espírito da liberdade é o espírito que pesa os interesses deles ao lado dos seus, sem preconceitos"*.

A morte da ACLU, junto com o enfraquecimento do liberalismo e das liberdades civis, está entre os acontecimentos mais perigosos que enfrentamos agora. Como advertiu o fundador da ACLU há quase um século: *"A luta pela liberdade nunca está vencida"*. Estamos perdendo essa batalha, em grande parte porque os novos líderes da recém-enriquecida organização que ele fundou se venderam e abandonaram sua missão original de defender a liberdade de expressão e o devido processo legal para todos.

Duplo Padrão: ACLU

As liberdades civis exigem um critério único e independente de qualquer partido, ideologia ou pessoa. O direito dos nazistas à liberdade de expressão deve ser protegido com o mesmo vigor que o de Salman Rushdie. A ACLU em particular, e bons libertários civis em geral, costumavam viver de acordo com esse credo. É isso que diferencia os pleiteantes especiais e aqueles que concordam ou se identificam com eles. Essa grande tradição, que levou John Adams a defender os odiados soldados britânicos acusados do massacre de Boston e a antiga ACLU a defender o direito dos nazistas de marcharem por Skokie, não ficou evidente quando se tratou de Donald Trump. Esse critério duplo se manifestou de várias maneiras.

O suposto crime mais grave citado no mandado de busca de Trump está sob a Lei de Espionagem de 1917. No passado, muitos esquerdistas e libertários civis protestaram contra a amplitude e o escopo dessa lei, chamando-a de repressiva e inconstitucionalmente vaga. Entre as pessoas que foram processadas, indiciadas ou investigadas estão ícones progressistas como os socialistas Eugene V. Debs e Charles Schenck, os ativistas antiguerra Daniel Ellsberg e dr. Benjamin Spock, os delatores Julian Assange e Chelsea Manning, os anarquistas Emma Goldman e Alexander Berkman, assim como muitos outros que fizeram discursos impopulares e participaram de protestos ou realizaram outras ações consideradas antipatrióticas pelo governo. Mas agora que o sapato está no outro pé, e a mesma lei está sendo usada contra um possível candidato presidencial que eles rechaçam, muitos desses esquerdistas estão exigindo que a interpretação se adeque ao suposto mau uso por Trump de material classificado. A American Civil Liberties Union, que repetidamente questionou a constitucionalidade e a aplicabilidade da espionagem a atividades antigovernamentais por radicais de esquerda, fica estranhamente silenciosa quando a mesma lei excessivamente ampla é aplicada contra uma figura política cuja política eles deploram.

O mesmo duplo padrão parece estar em ação no que diz respeito à busca de Mar-a-Lago. Muitos libertários civis reclamaram do uso excessivo de mandados de busca em situações em que uma intimação menos intrusiva e mais restrita seria suficiente. Até o procurador-geral Garland reconheceu que a política do Departamento de Justiça, sempre que possível, é o uso de medidas menos invasivas em vez de uma busca completa. No entanto, ele não explicou por que foi necessária a diligência de um dia inteiro na casa de Trump, sobretudo porque uma intimação havia sido emitida e poderia ser executada judicialmente se o governo estivesse insatisfeito com o andamento das negociações. Mais uma vez, enfrentamos o silêncio da ACLU e de outros libertários civis de esquerda.

Posteriormente, há a maneira pela qual os partidários de Trump foram tratados quando indiciados. Eles foram presos, algemados e acorrentados, apesar de não terem sido acusados de crimes de violência e apesar da ausência de evidências de que planejavam fugir. Em minha longa experiência, a maioria dos outros réus em semelhante situação é simplesmente notificada das acusações e ordenada a comparecer ao tribunal. No entanto, apesar desse visível duplo padrão, a esquerda permaneceu em silêncio.

O procurador-geral Garland acertadamente afirmou que o Departamento de Justiça se dedica à igualdade de justiça para todos. Mas aplicações recentes da lei sugerem o contrário. *"Devido processo legal, para mim, mas não para ti"* parece ter substituído a igual proteção da lei como princípio orientador.

Talvez a manifestação mais flagrante desse critério duplo seja a abordagem diferenciada adotada para o suposto manuseio incorreto de material classificado por Trump, por um lado, e pela ex-candidata presidencial Hillary Clinton, por outro. Nenhum mandado de busca foi solicitado para a casa de Clinton, onde aparentemente eram mantidos servidores privados. E, então, o diretor do FBI, James Comey, anunciou que nenhum processo criminal jamais foi realizado por um manuseio inadequado semelhante de documentos classificados. O mesmo foi verdade para o fato de o ex-conselheiro de segurança nacional, Sandy Berger, deliberadamente esconder esse material em suas meias. Berger foi multado por violar a lei em relação a documentos secretos de forma intencional. No entanto, a Lei de Espionagem não foi invocada contra ele.

Justiça igual para democratas e republicanos não deve apenas ser feita; mas ser vista sendo feita. Uma lei, e um único caminho de aplicação, devem reger todos os atos e pessoas na mesma situação. Deve haver um padrão para as liberdades civis – e reclamações sobre sua violação – por libertários civis com princípios. Parece estar faltando um objetivo salutar nas tentativas recentes de pegar o ex-presidente e seus partidários, independentemente do princípio da justiça imparcial para amigos e inimigos.

Pelo contrário, aqueles de nós que – apesar de opositores políticos de Trump – insistem que os mesmos padrões de liberdades civis devem ser aplicados a ele e àqueles que apoiamos politicamente perderam amigos, foram difamados pela mídia e cancelados. Esse duplo padrão inaceitável está tão difundido que coloca em perigo o Estado de Direito e o papel histórico das liberdades civis isonômicas e apartidárias que o protegem de ser transformado numa arma política.

Em Defesa do *Whataboutism*

Após a operação na casa do ex-presidente Trump, Hillary Clinton foi vista usando um boné de beisebol com a frase *"But her e-mails"*. O boné de Hillary tem a intenção de zombar do argumento apresentado por apoiadores do ex-presidente e alguns libertários civis de que a investigação das supostas violações de segurança de Trump deve ser avaliada em relação à maneira como violações semelhantes da própria Hillary e do falecido ex-conselheiro de segurança nacional, Sandy Berger, foram tratadas. Tendo sido, ambos, acusados de manipulação indevida de material confidencial, Berger foi multado e Clinton foi repreendida pelo ex-diretor do FBI, James Comey, o que pode ter custado a eleição. Mas nenhum dos dois foi submetido a mandados de busca ou processo por espionagem. Daí o argumento do logotipo: "mas os e-mails dela".

Esse suposto argumento passou a ser chamado de *whataboutism*. Sua tese implícita é que cada caso deve ser julgado por seus méritos, e as comparações com outros casos são irrelevantes. Mas comparações apropriadas são o ponto em uma sociedade democrática com uma Constituição que garante a igual proteção das leis. A forma como Clinton e Berger foram tratados é altamente relevante para determinar se Trump está sendo submetido a um duplo padrão de justiça. Os fatos, especialmente os graus comparáveis de culpabilidade, podem ser diferentes; e, se assim for, isso forneceria uma boa resposta a um argumento do *whataboutism*.

Mas, se os fatos são semelhantes e o tratamento é diferente, os americanos têm o direito de perguntar por quê. O sapato deve caber confortavelmente no outro pé para que a justiça seja feita e vista como sendo feita. Não pode haver uma regra para os democratas e outra para os republicanos.

Portanto, é apropriado fazer a pergunta: e quanto aos e-mails de Clinton? E quanto à tentativa de Berger de esconder materiais classificados em suas meias? Zombar dessa pergunta usando um boné com o slogan "mas os e-mails dela" não fornece uma resposta adequada. Nem o clichê "dois erros não se traduzem em um acerto". O segundo não justifica ou desculpa o primeiro, mas o tratamento desigual de duas condutas comparáveis deve levantar questões sobre justiça e igualdade. Dois erros iguais tratados de maneira diferente podem resultar em um terceiro erro!

O *whataboutism* pode ter um papel a desempenhar em um número limitado de casos. Talvez os presidentes devam ser tratados de maneira diferente. Costuma-se argumentar que os dirigentes não estão acima da lei, mas também não estão abaixo dela. Quando um tratamento desigual é mostrado, o ônus passa para aqueles que o administram para justificar a desigualdade.

O argumento questionável implícito no *whataboutism* não é novo. Há uma expressão em iídiche do século XIX que diz: *"um exemplo não é um argumento"*. Mas, às vezes, é. Se um critério de não aplicação puder ser demonstrado, como no caso da Lei Logan – uma lei do século XVIII, não aplicada há centenas de anos, que proíbe cidadãos privados de negociar com países estrangeiros –, seria difícil satisfazer o ônus de provar justiça igualitária se fosse repentina e seletivamente invocada para atingir um inimigo político. Se, por outro lado, a violação das Leis de Classificação de Registros for rotineiramente objeto de processo, e os supostos infratores sujeitos a um mandado de busca, então o caso de aplicação igualitária da lei terá sido feito.

Hillary Clinton deveria jogar fora seu boné. Assim como a possível culpa de Clinton não desculpa a de Trump, também a possível culpa de Trump não desculpa a de Clinton. O tratamento, por parte dela, dos e-mails e do servidor estava errado, mas não foi digno de processo criminal. O mesmo pode acontecer com a remoção de informações supostamente sigilosas por Trump. Esses dois erros devem encorajar o Congresso a endurecer as leis relativas a essas informações e o Departamento de Justiça a aplicá-las de maneira igualitária e justa. Mas até que o façam, o argumento "e quanto aos e-mails dela" deve ser levado a sério.

Biden Deve Chamar os Apoiadores do MAGA de Semifascistas?

O presidente Joe Biden estaria correto se tivesse acusado alguns apoiadores do MAGA de uma mentalidade totalitária que poderia levar à tirania. Mas ele estava completamente errado ao limitar essa mentalidade à extrema direita. É, no mínimo, igualmente aplicável a muitos da extrema esquerda. Esses chamados "progressistas" se opõem à liberdade de expressão e ao devido processo legal tanto quanto os extremistas da extrema direita. E é obrigação especial dos progressistas, como Biden e eu, concentrar, pelo menos, tanta atenção nos perigos que emanam da extrema esquerda quanto naqueles da extrema direita.

Na realidade, de certa forma, as mentalidades totalitárias de muitos da extrema esquerda são mais perigosas do que as da extrema direita, e a razão é sua influência substancial nos campi das faculdades e universidades. Muitos membros do corpo docente vêm fazendo direcionamentos aos seus alunos sobre o que devem pensar, em vez de ensiná-los a pensar por si mesmos.

Esses alunos atuais incluem os futuros líderes da nação americana. Em dez anos, alguns estarão no Congresso, em conselhos editoriais de grandes jornais, em bancos de investimento e em outras áreas de enorme influência. Em vinte anos, um deles pode se tornar presidente dos Estados Unidos ou outro líder mundial, que é com o que contam os líderes extremistas para atingir seus objetivos.

Portanto, da próxima vez que Biden decidir condenar o que chama de semifascistas da extrema direita, ele deve gastar, pelo menos, o mesmo tempo denunciando a mentalidade intolerante de muitos de seus próprios eleitores.

Isto foi o que o presidente Joe Biden disse recentemente sobre os apoiadores MAGA de Trump, de acordo com o Político:

> 'O que estamos vendo agora é o começo ou o toque fúnebre da filosofia extrema do MAGA', disse Biden a doadores democratas no subúrbio de Rockville, em Washington. Chamando aqueles que rotulou de republicanos 'extremistas', Biden completou: 'Não é apenas Trump, mas toda a filosofia que sustenta – vou dizer uma coisa, é como semifascismo'.

Geralmente desaprovo analogias entre a política americana e o fascismo europeu (alcançando a Alemanha nazista e a Itália fascista). Felizmente, estamos muito longe de tais tiranias. O sistema constitucional americano de freios e contrapesos é projetado para impedir que qualquer ramo do governo assuma poderes ditatoriais. Funcionou por um quarto de milênio e há todos os motivos para acreditar que continuará a impedir a ascensão de ditadores.

Um termo mais adequado seria "mentalidade totalitária". Certamente é verdade que existem alguns extremistas tanto na "direita" quanto na "esquerda" que refletem uma abordagem intolerante sobre que opiniões opostas são vistas como desnecessárias. Aqueles que acreditam que têm a "Verdade Absoluta" ao seu lado não veem razão para permitir a discordância dessa verdade, ou para exigir o devido processo legal antes que uma pessoa, que eles sabem ser culpada, seja condenada. A certeza é a essência da tirania como o ceticismo é o seu inimigo.

Twitter: Musk Deve Optar por Administrar o Twitter sob o Espírito da Primeira Emenda

A ampla reação progressista à compra do Twitter por Elon Musk reflete um profundo medo da liberdade de expressão por parte da extrema esquerda. O presidente da NAACP, Derrick Jackson, sintetizou esse medo quando proclamou: *"Sr. Musk, a liberdade de expressão é maravilhosa, o discurso de ódio é inaceitável. Desinformação, misinformação e discurso de ódio NÃO TÊM LUGAR [maiúsculas no original] no* Twitter". Mas quem definiria quais seriam os gêneros de fala "inaceitáveis"? Bem, naturalmente, o sr. Jackson e os outros de sua vertente política e ideológica, que atualmente dominam grande parte das redes sociais e da mídia em geral. O resultado desejado por Jackson e por outros da extrema esquerda seria "liberdade de expressão para mim, mas não para ti".

O direito de falar livremente abrange o de errar e ofender os outros. O mercado de ideias não deve incluir espaços "seguros" para aqueles que afirmam ser "prejudicados" por pontos de vista dos quais discordam veementemente. Ele deve incluir espaços de "refutação" que permitam ao ofendido responder com melhores argumentos. A resposta a uma fala "ruim" é uma fala "melhor" que pode prevalecer no mercado ruidoso do discurso e do contradiscurso.

A liberdade de expressão é tudo menos isenta de custos sociais. Ela pode custar caro. Pode causar dor e danos. Pode confundir e distorcer. Mas qual é a alternativa? Um sistema que seleciona e escolhe entre as formas "aceitáveis" de fala? O que é odioso para um grupo pode ser correto para outro. Além disso, proibir algumas formas de discurso "inaceitável" pode ser inaceitável para aqueles que foram banidos. Como disse o juiz John Harlan em um caso envolvendo um homem vestindo uma jaqueta ofensiva trazendo as palavras *"f***-se o serviço militar compulsório"*: *"A vulgaridade de um homem é o verso de outro"*. Não há critérios objetivos nem neutros para definir a desinformação, a misinformação ou o discurso de ódio de uma pessoa ou grupo. Tal determinação está nos olhos, ou na experiência, de quem vê.

Aqueles que temem a proclamada abordagem de abertura de Musk no Twitter não propuseram alternativas razoáveis. A censura seletiva por guardiões platônicos invisíveis – como existe atualmente em grande parte das mídias sociais – é muito pior. Parafraseando Churchill: a liberdade de expressão pode ser a pior abordagem, exceto todas as outras que foram tentadas ao longo do tempo.

Com certeza, o Twitter não é o governo, portanto, não está vinculado à Primeira Emenda. Pode censurar se quiser, mas também pode optar por não censurar. Várias universidades privadas anunciaram que cumpririam o espírito da Primeira Emenda, embora não estivessem vinculadas a ela. Na prática, nem todas o fizeram. Isto é o que o Twitter deveria fazer: anunciar que banirá apenas o material que não seria protegido pela Primeira Emenda se o governo tentasse censurá-lo.

A lei permite alguma censura, incluindo incitação direta à violência, pornografia infantil e difamação dolosa. Mas não permite censura baseada em uma definição singular do que é verdadeiro ou falso. Como disse certa vez o Chefe de Justiça William Rehnquist: *"De acordo com a Primeira Emenda, não existe ideia falsa"*. A Constituição deixa isso para o mercado. O Twitter deveria seguir esse modelo.

Existem várias plataformas de mídia social que se aproximaram dos princípios da Primeira Emenda, incluindo o Rumble, no qual meu próprio podcast, *The Dershow*, aparece. Escolhi o Rumble precisamente por causa de suas políticas anticensura.

O resultado final de mover o Twitter de sua atual postura de censura seletiva para uma política de maior liberdade de expressão resultará em algumas coisas muito ruins. Haverá mais discurso de ódio, mais "misinformação", mais ataques pessoais e mais lixo. É por isso que toda plataforma de mídia social tem um botão para desligar. Se não gosta, não acesse. Mas não impeça os outros de fazê-lo.

A liberdade de expressão é um experimento perigoso que os "fundadores" americanos empreenderam cientes de suas desvantagens, as quais só pioraram com o advento e alcance das mídias sociais. Elon Musk agora tem a possibilidade de estender esse experimento perigoso além do governo para o gigante provedor de grande parte das informações geradas hoje. Ele assumiu uma enorme responsabilidade. Esperemos que a exerça com os melhores interesses do mundo, ao qual estará servindo com a posse dessa poderosa ferramenta.

Twitter: Por Que a Esquerda Tem Tanto Medo da Plataforma?

Uma campanha está em andamento por parte de organizações e políticos de esquerda a fim de exigir que o Twitter, agora propriedade de Elon Musk, continue sua prática de censurar o discurso de ódio e outras postagens "condenáveis".

Uma carta enviada aos vinte principais anunciantes da plataforma, assinada por quarenta organizações ativistas, incluindo a NAACP, o Center for American Progress, o GLA-ADGLAAD e o Global Project Against Hate and Extremism, continha a seguinte ameaça velada:

> Nós, as organizações abaixo assinadas, pedimos que notifiquem Musk e se comprometam de modo público a globalmente interromper toda a publicidade no Twitter se seguir seus planos de minar a segurança da marca e os padrões da comunidade, incluindo a moderação de conteúdo.

Isso significa que Musk não deve reverter o que o Twitter tem em vigor no momento e deve se comprometer a fazer cumprir as regras existentes. Em outras palavras, os anunciantes do Twitter foram solicitados a boicotar a plataforma, a menos que esta continue a praticar a censura.

Décadas atrás, durante o auge do macarthismo, era a extrema direita que exigia censura, enquanto a esquerda insistia que o mercado de ideias deveria ser aberto a todas as formas de expressão. Como escreveu Thomas Jefferson em 1801:

> Não temos nada a temer da desmoralização de alguns se outros forem deixados livres para demonstrar seus erros, e, especialmente, a lei está pronta para punir o primeiro ato criminoso produzido por raciocínios falsos. Esses são corretivos mais seguros do que a consciência de um juiz.

A desconfiança de Jefferson na "consciência de um juiz" provavelmente seria ainda maior se os censores fossem os CEOs de empresas que dependem de anunciantes para obterem seus lucros.

Numa época de crescente divisão, hostilidade e violência, é compreensível olhar para a censura como a solução fácil para um problema difícil. Mas a censura requer censores e, uma vez que estes tenham a possibilidade de escolher o que o público vai ouvir, essa ladeira escorregadia nos afasta da liberdade, e nos aproxima da repressão.

Eu certamente não gosto do tipo de discurso de ódio antissemita que é difundido em muitas das plataformas de internet de hoje, e recebo esses e-mails e tuítes quase diariamente. Liberdade de expressão não é liberdade desonerada.

A velha expressão de que "paus e pedras podem quebrar meus ossos, mas palavras nunca vão me machucar" é falsa. Palavras machucam a mim, a minha família e a outras pessoas. Mas essa não é a questão. A questão é que, em uma sociedade aberta, devemos suportar essas dores para evitar outras ainda maiores desencadeadas pela censura seletiva.

Os autores da Primeira Emenda escolheram suportar a dor de falar demais sobre os perigos do discurso controlado pelo governo. Mas o Twitter não é o governo. Nem o Facebook nem o YouTube. São as empresas gigantes de mídia que dominam e controlam o fluxo da fala em todo o globo. E os perigos de atribuir o controle desses fluxos a censores elitistas invisíveis ameaça minar a mais importante liberdade.

A questão de liberdade de expressão mais importante que será enfrentada durante o restante do século XXI é se devemos tolerá-la irrestritamente, aceitando o eventual risco, ou exigir a censura privada do tipo que o governo não poderia impor.

Alguns propuseram que tratássemos as empresas gigantes de mídia social como "transportadoras comuns", como ferrovias e empresas de telégrafo. Mas, sob a Primeira Emenda, colocar controles sobre o discurso público é diferente de regular viagens e até mesmo comunicações telegráficas pessoais.

Uma manifestação da divisão da nação americana é que questões complexas raramente são debatidas de forma imparcial e inteligente. Em vez disso, as pessoas são forçadas a escolher um lado: você é a favor de Musk ou contra ele? Você é a favor do controle do discurso na internet ou contra ele?

A primeira vítima do extremismo divisório são as nuances, dolorosamente necessárias em relação a essa questão da censura na internet.

Permitir que propostas diferentes possam ser oferecidas e discutidas. Não nos precipitemos em julgar questões tão importantes e complexas. E o mais importante, que a liberdade de expressão não seja transformada em uma arma partidária.

Após a compra do Twitter por Musk, foi divulgado que vários agentes do governo podem ter tentado, de modo sub-reptício, encorajar a censura de alguns materiais. Se for verdade, isso levanta questões sérias sobre a Primeira Emenda e transparência, dignas de uma investigação mais aprofundada. Existem diferenças, é claro, entre censura, privada ou governamental, de conselhos cientificamente comprovados e perigosos do ponto de vista médico, e opiniões políticas. Musk foi criticado por encerrar a política de desinformação da covid-19 do Twitter, e o próprio Musk informou mal aos seus seguidores em março de 2020, quando garantiu a eles que os EUA provavelmente teriam "quase nenhum novo caso" até o final daquele abril. Ele também pediu a acusação do dr. Anthony Fauci. Esses fatos ilustram os perigos de colocar as decisões de censura nas mãos de qualquer pessoa.

[CAPÍTULO 4]
Trump Será Indiciado?

O debate está violento sobre se Donald Trump deve ou não ser indiciado. O *The Wall Street Journal* conduziu uma longa entrevista comigo sobre esse e outros tópicos relacionados. Ela está ligeiramente editada por questões de repetição e clareza. Também escrevi sobre outros tópicos em artigos.

Transcrição da Entrevista para o The Wall Street Journal

No último episódio do *Free Expression*, o advogado constitucional Alan Dershowitz disse ao editor-geral do *The Wall Street Journal*, Gerry Baker, que as chances de um indiciamento contra o ex-presidente estavam aumentando. Mas também disse que a abordagem agressiva do Departamento de Justiça e do FBI minou a confiança na justiça americana. Ele explicou por que a extrema esquerda era o verdadeiro perigo para o futuro da democracia.

Gerry Baker
Olá, bem-vindo ao *Free Expression*. Eu sou Gerry Baker, editor-geral do *Wall Street Journal*. Esta semana, enquanto a batalha de Donald Trump com o FBI e o Departamento de Justiça atinge uma nova intensidade sobre a busca em seu resort, em Mar-a-Lago, três semanas atrás, converso com o jurista e ex-defensor de Trump, Alan Dershowitz. O professor Dershowitz é advogado constitucional e ex-professor de Direito

na Universidade de Harvard. Ele fez parte da equipe de defesa de Donald Trump durante o primeiro julgamento de impeachment do ex-presidente em 2020, embora ressalte que não é um apoiador político de Trump. Na verdade, descreve-se como democrata e alguém que votou em adversários do presidente no passado. O professor Dershowitz tem sido uma figura proeminente em muitos casos criminais e constitucionais ao longo dos anos, e nunca teve medo de abraçar a controvérsia ou, na verdade, o que alguns considerariam até mesmo causas e réus de má reputação. Entre aqueles que defendeu estão O. J. Simpson e, talvez o mais famoso, Jeffrey Epstein. Ele, há pouco tempo, disse que se tornou a mais recente vítima da cultura do cancelamento como consequência de suas ações, às vezes, controversas, dizendo que foi rejeitado pela sociedade educada. É autor de muitos livros. O último deles é *The Price of Principle: Why Integrity Is Worth the Consequences* ["O Preço do Princípio: Por Que a Integridade Vale a Pena", em tradução livre]. E Alan Dershowitz junta-se a mim agora. Alan, muito obrigado por estar aqui.

Alan Dershowitz
Obrigado. Fui rejeitado pela sociedade indelicada, e não pela sociedade educada. Não apenas fui rejeitado, mas a biblioteca em Chilmark se recusou a permitir que eu falasse depois de me convidar ano após ano. Eles inicialmente não aprovaram os livros que escrevi desde a época em que defendi a Constituição em nome de Trump. E, quando uma biblioteca começa a restringir a liberdade de expressão, sabemos que temos um problema.

Gerry Baker
Vamos agora direto para essa questão de Trump e sua batalha contínua com o FBI e o Departamento de Justiça. A notícia mais recente foi um ajustamento tardio, na terça-feira, por

parte do Departamento de Justiça em resposta a uma moção do ex-presidente Trump, que deseja a nomeação de um perito especial para examinar os documentos. O Departamento de Justiça respondeu a isso com um relato muito longo e detalhado de sua investigação e, na verdade, do cronograma da investigação que está ocorrendo a respeito desses documentos que teria tomado, de acordo com o Departamento de Justiça, talvez ilegalmente. Eu cito aqui hoje a reportagem do *Wall Street Journal*: "*Os esforços provavelmente foram realizados a fim de obstruir a investigação do governo referente a documentos na casa do ex-presidente em Mar-a-Lago*". Meses antes de os agentes do FBI examinarem o processo do tribunal estadual da Flórida contestando a proposta de Johnson, eles expuseram o cronograma mais detalhado do governo até agora. E disse que havia provável evidência de obstrução por parte do presidente. O que você acha disso? E o que acha dessa luta que está acontecendo?

Alan Dershowitz

A moção, base dessa disputa, é uma moção para que um funcionário independente do Departamento de Justiça examine o possível material de privilégio advogado-cliente que foi apreendido a partir de um mandado de busca. Há duas coisas que não estão em disputa. Primeiro, eles apreenderam material que está sujeito ao privilégio advogado-cliente. E segundo, funcionários do Departamento de Justiça já o haviam examinado. Isso é errado. Quando um advogado e um cliente se reúnem, e eu sei disso porque já fiz isso umas mil vezes na minha carreira; o que você promete é que ninguém jamais saberá do que falamos. O governo, com certeza, nunca saberá. E, no entanto, o governo afirma, e eles vêm alegando isso há anos, e eu tenho reclamado disso há anos, que têm o direito de ter pessoas no Departamento de Justiça, chamadas de equipe de contaminação, examinando todos esses segredos dos privilégios advogado-cliente e decidindo quais são privilegiados, quais não são, entregando os que não são à acusação, mas mantendo em segredo os que são privilegiados. Deixe-me apresentar esta hipótese. Vamos supor que a equipe de contaminação seja composta de promotores que regularmente almoçam com os que julgam o caso. Vamos supor que essa equipe de contaminação descubra uma carta ou um e-mail que está claramente coberto pelo privilégio advogado-cliente. Começa dizendo privilégio advogado-cliente. Essa é uma comunicação confidencial. E nela há uma prova cabal, ou um material muito, muito quente sobre Donald Trump, que não é criminoso, mas que pode destruir sua carreira. Alguém nos Estados Unidos realmente acredita que esse material permaneceria totalmente secreto e que, com uma piscadela e um aceno de cabeça, seu conteúdo não seria comunicado a outros funcionários do Departamento de Justiça? Alguém falaria novamente com um advogado em sigilo se soubesse que suas conversas e comunicações seriam examinadas por um funcionário do Departamento de Justiça? Então, eu acho que é uma escolha muito fácil, como alguns juízes anteriormente disseram, que um perito independente, um ex-juiz, um ex-reitor de uma universidade, alguém que não tem nenhuma ligação com o Ministério da Justiça deva examinar essas comunicações privilegiadas. E o único a ler o que podem ser comunicações privilegiadas. Assim que ele vir o privilégio advogado-cliente, ele deve parar de ler. E isso deveria ser o fim do assunto. Então, eu acho que o governo está fazendo tudo errado. No que diz respeito à obstrução da justiça, deixe as fichas caírem onde tiverem que cair. Não sou um defensor de Trump. Sou defensor da Constituição e do Estado de Direito. Se houver evidência de obstrução da justiça, e ela foi obtida legalmente, e não estiver coberta pelo privilégio de advogado-cliente ou privilégio executivo, meu Deus, deveria haver um processo. Eu não tenho nenhuma dúvida a esse respeito. Não vi isso até agora na declaração juramentada não editada, mas, se houver tal evidência, as investigações devem prosseguir. A obstrução da justiça é uma acusação muito grave.

Gerry Baker
Então, o que você acha da resposta do Departamento de Justiça à moção de Trump? Esse longo documento, de novo, que eu disse que fundamentalmente estabelece uma espécie de linha do tempo da investigação do governo, faz essas alegações sobre obstrução da justiça, incluindo uma fotografia bastante incomum, penso eu, de alguns dos documentos que foram recuperados até agora, com o selo de "sigiloso" meio que respingado sobre eles. Isso é uma cortina de fumaça? É político? É para consumo público? É provável que tenha um efeito positivo sobre um juiz, ou você acha que um juiz vai realmente ficar do lado de Trump e dizer, na verdade, pelas razões que você apresentou, essas questões realmente preocupantes de privilégio advogado-cliente, que, de fato, esses documentos não precisam ser examinados por um perito especial antes que o Departamento de Justiça tenha permissão para colocar as mãos?

Alan Dershowitz
Bem, isso pode funcionar nos dois sentidos. Se houver evidência real de fraude e, se algumas das conversas advogado-cliente contiverem prova de fraude, pode haver exceções ao privilégio advogado-cliente. Mas o que o governo está fazendo é escolher o que eles querem que o público veja e estão editando o que não querem que o público veja. E algumas das edições podem ser justas. Os nomes dos agentes, nomes de testemunhas

cooperantes, mas algumas das edições podem ser projetadas apenas para apresentar um caso negativo contra Trump sem incluir os materiais positivos, se é que há algum material positivo. A questão é realmente em quem você confia. Confie, mas verifique, como disse Reagan. Essa sempre foi minha filosofia. Meu trabalho não é confiar no governo. Meu trabalho é desafiar o governo a cada passo e garantir que ele coloque o pingo em todos os is, e o traço em todos os ts; e opere dentro do Estado de Direito e de acordo com a Constituição. E não podemos confiar no Departamento de Justiça para proteger-se a si mesmo. Quem vai guardar os guardiões? Isso remonta aos tempos romanos e está refletido em nossa Constituição por nosso sistema de freios e contrapesos. Nenhum departamento do governo está acima de investigação. Nem o FBI nem o Departamento de Justiça.

Gerry Baker
Temos muitos motivos para a desconfiança que vimos nos últimos quatro ou cinco anos em relação à maneira como o Departamento de Justiça tem se comportado. Quero voltar aqui e olhar para o caso mais amplo da investigação aqui, que obviamente foi iniciada pelo National Archives and Records Office sobre essa disputa, e começou, quer dizer, imediatamente depois que o presidente Trump deixou o cargo a respeito de quais registros ele tinha permissão de manter. Então, deixando de lado essas questões específicas que surgiram a partir desses processos e moções recentes, eles têm um caso para perseguir o ex-presidente dessa maneira?

Alan Dershowitz
Sim, eles têm. Lembre-se de que 91% ou algo assim das pessoas no distrito votaram contra Trump. Então, sim, eles têm o suficiente para iniciar uma investigação, mas acho que, para

ir além da investigação, você deve satisfazer dois padrões, principalmente se estiver perseguindo um futuro candidato presidencial em potencial contra o presidente em exercício. Tem que passar por dois padrões. Um, o padrão de Richard Nixon; e o outro, o padrão de Hillary Clinton. O padrão de Richard Nixon diz que você não indicia um presidente (ou candidato) a menos que tenha apoio bipartidário, a menos que haja um amplo consenso, a menos que os líderes republicanos também concordem que há uma base para a acusação. Esse padrão ainda não foi alcançado. O segundo padrão, e o mais relevante para sua pergunta, é o padrão de Hillary Clinton. Existe uma grande e antiga oração na Páscoa: por que esta noite é diferente de todas as outras? E a questão aqui é por que este caso é diferente do caso de Hillary Clinton? Ela tinha material em seu próprio servidor, que acabou no computador de Wiener, apresentando perigos reais de ser liberado. O governo tem o ônus de demonstrar que esse caso foi muito, muito mais sério. Agora, se o caso de obstrução persistir, isso pode satisfazer ambos os padrões. Afinal, Nixon era culpado de obstrução da justiça, e as evidências eram claras e contundentes. Se a evidência aqui se tornar esmagadora e clara, então o padrão Nixon pode ser satisfeito. E o mesmo valeria para o padrão Clinton, porque não havia nenhuma alegação de obstrução da justiça ali. Ela foi cooperativa. Deixe-me esclarecer o que não é obstrução da justiça. E foi aí que saiu a intimação, os advogados brigaram, brigaram muito, e deviam brigar. Eu teria feito a mesma coisa se um dos meus clientes tivesse sido intimado. Portanto, brigar por causa de uma intimação não é obstrução da justiça. Mas destruir documentos, obviamente que estão sob intimação, configura obstrução de justiça. Claro, essas foram alegações que também aconteceram no caso de Hillary Clinton. E eu não sei o suficiente sobre esse caso para validar isso, mas certamente a mídia de direita falou muito sobre destruir tantos milhares deles e encobrir aquilo. Acho que isso deve ser analisado, porque esse padrão também deve ser cumprido antes que um futuro candidato presidencial seja sujeito a processo criminal. Você não pode aplicar a lei a seus inimigos quando eles estão concorrendo politicamente contra você, a menos que o caso seja claro e contundente.

Gerry Baker
Você tem que demonstrar que o presidente está, de alguma forma, colocando em risco a segurança nacional ou apenas violando a Lei de Registros Presidenciais ou qualquer outra coisa que seja? O Departamento de Justiça realmente tem que dizer: "Bem, na verdade, esses são exemplos", obviamente, sem dar detalhes, "mas esses são exemplos dos tipos de informações de segurança nacional altamente delicadas". Você acha que eles precisam fazer isso para construir o caso?

Alan Dershowitz
Bem, você fez uma pergunta muito, muito boa. Os advogados de defesa criaram uma estratégia chamada de *graymail*, na qual o que eles dizem ao governo é que, se você quiser processar nosso cara por informações desclassificadas ou secretas, você deve divulgar as informações classificadas ou secretas de acordo com a Sexta Emenda. Temos o direito de enfrentá-la e de contradizê-la. E o governo diz: "Não, não, não, não. Não queremos divulgar as informações classificadas. Foi por isso que entramos com esse processo". E um estatuto foi aprovado e decisões judiciais foram proferidas tentando encontrar um equilíbrio apropriado entre os direitos da Sexta Emenda do réu de confrontar provas contra ele e o poder legítimo do governo de manter certos materiais classificados. Então, é o começo de um longo processo.

Gerry Baker
Existe essa defesa que foi feita por alguns membros da equipe Trump. O presidente é o árbitro final da classificação nos Estados Unidos. Obviamente, como chefe do poder Executivo, o que ele declara ser classificado é classificado e o que ele declara não ser não classificado é presumivelmente desclassificado. Portanto, há argumentos acerca de como exatamente esse processo de desclassificação funciona. Ele formalmente tem que emitir um memorando ou declaração ou o que quer que seja, uma declaração formal de desclassificação, ou ele pode apenas por seu próprio ato de tirar uma caixa da Casa Branca e enviá-la para Mar-a-Lago, e isso, em efeito, representar, na prática, uma desclassificação? E, portanto, a defesa é que Trump pode dizer que desclassifica esses documentos.

Alan Dershowitz
Essa certamente será a defesa. Não tenho dúvidas disso. E é uma defesa parcialmente legal e uma defesa parcialmente factual. Comecemos pelo factual. É claro que, se a opinião legal é que o presidente pode desclassificar, ele só pode desclassificar quando foi presidente. E assim, o argumento teria de ser que o próprio ato do último dia de mandato, 20 de janeiro, antes do meio-dia, do envio das caixas, constituía um ato de desclassificação. Eu não acho que isso necessariamente não colaria. Olha, a lei não é apenas terrivelmente confusa a esse respeito, é terrivelmente errada. O presidente não deve ter autoridade independente para classificar e desclassificar de modo privado. Alega-se, e não sei se é esse o caso, mas ouvi dizer, que o presidente Bush, no meio de uma reunião em que determinado material surgiu, anunciou "certo, vou desclassificar isso agora para que possamos continuar a ter esta conversa". Lá, é claro, havia evidências disso. Acho que

não tem que ser por escrito, mas o presidente, se ele vai desclassificar, tem que ser enquanto ele for presidente. Ele não pode desclassificar retroativamente depois de receber uma intimação. Então, isso será em grande parte uma questão de fato. Existe um memorando nos arquivos? Há testemunhas? É uma defesa. É uma defesa forte? Depende das evidências.

Gerry Baker
E quanto à questão de quão sensíveis esses documentos podem ser? Mesmo que ele os tivesse desclassificado, há o argumento de que o governo tem um interesse legítimo, o governo Biden, o governo atual tem um interesse em andamento em obter documentos que possam ter implicações vitais para a segurança nacional. Não sabemos o que há nesses documentos. Pode ser qualquer coisa, desde cartões de Natal de Kim Jong-un até nomes e lugares de agentes de inteligência dentro do governo chinês. Estamos atrás do véu da ignorância. Mas supondo que fosse a última alternativa, supondo que houvesse documentos em Mar-a-Lago, lá e entre as bugigangas e tudo mais, que tivesse informações de inteligência vitais para a segurança nacional dos Estados Unidos. Isso é algo que eles diriam: "Olha, independentemente dos direitos do presidente de desclassificar, este não é um lugar seguro. Você conhece Mar-a-Lago como ninguém, Alan. Não é um lugar seguro para segredos tão vitais para a segurança dos Estados Unidos".

Alan Dershowitz
Bem, em primeiro lugar, não existe um véu completo de ignorância. Temos dezenas de anos de experiência com o governo alegando que o material era perigoso para a segurança nacional. Eu era um dos advogados no caso dos Documentos do Pentágono. Representei o senador Mike Gravel, que leu os Documentos do Pentágono para os registros do Congresso.

Quando esse caso foi discutido perante a Suprema Corte, o procurador-geral dos Estados Unidos, o ex-reitor da Escola de Direito de Harvard, Irwin Griswold, representou à Suprema Corte que, se os Documentos do Pentágono pudessem ser publicados pelos jornais *The New York Times* e *The Washington Post*, isso causaria danos tremendos à segurança nacional dos Estados Unidos. Os Documentos do Pentágono foram publicados. E até onde eu sei, não houve danos à segurança nacional. Isso tem acontecido repetidamente. O governo grita "lobo" quando se trata de segurança nacional. Os materiais são frequentemente classificados para proteger os interesses pessoais e políticos das pessoas que estão classificando, não os interesses de segurança nacional dos Estados Unidos. E eu pensaria que *The Wall Street Journal* e *The New York Times* estariam na vanguarda da argumentação contra o excesso de classificação. E eles têm estado em certos casos, mas não tanto em outros casos. Portanto, acho que devemos olhar com desconfiança e dúvida para as reivindicações do governo quanto a altos níveis de segurança nacional. Agora, se houvesse material de segurança nacional, o governo teria obtido um mandado de busca em fevereiro e teria agido de acordo com o mandado de busca no dia em que o obteve no mês passado. Eles não fizeram isso. Eles esperaram alguns dias. O jeito é intimar o material. E assim, se você cumprir a intimação, diz o juiz, traga as caixas amanhã. Nesse ponto, as caixas estão fora do controle de Donald Trump. Elas estão sob o controle do tribunal. Então um perito especial poderia ser nomeado para examinar todos os materiais, ver o que é classificado, ver o que é desclassificado. Veja o que é privilégio advogado-cliente, veja o que é privilégio executivo e o processo será organizado. Mas, em vez disso, eles emitiram um mandado de busca no qual pegaram tudo, incluindo materiais com privilégio advogado-cliente e, pelo menos de acordo com relatórios, eles investigaram o armário da sra. Trump. Foi muito amplo. E então, sim, eu levo a sério as reivindicações de segurança nacional, mas tenho minhas próprias suspeitas sobre se o governo grita lobo com muita frequência quando se trata de reivindicações de segurança nacional.

Gerry Baker
Temos visto uma inversão bastante notável com a mídia nos últimos, não sei, cinco, dez, quinze anos ou algo assim, não é? Quando, nas décadas de 1960 a 1970, com os Documentos do Pentágono e Watergate, o tipo de postura do repórter do jornal era ser profundamente cético em relação ao estado de inteligência, à aplicação da lei e ao estado de segurança. Mas há muitos repórteres que agora parecem adotar uma posição de uma espécie de deferência e, de fato, ouso dizer, se consideram uma espécie de veículos para o estado de inteligência e para a aplicação da lei.

Alan Dershowitz
Você apresentou a questão muito, muito bem. A mídia atual não passa no teste do sapato no outro pezinho. Eles estariam dizendo a mesma coisa se esta fosse uma investigação a respeito da presidente Hillary Clinton, ou mesmo agora do presidente Biden? Tomemos, por exemplo, a Lei de Espionagem de 1917, o pior estatuto de liberdades civis aprovado no século XX. E, de acordo com muitos, o segundo pior estatuto de liberdade civil já aprovado depois dos Atos de Estrangeiros e Sedição. O *The New York Times* e a ACLU têm protestado contra a Lei de Espionagem de 1917. Agora eles querem expandi-la. Eles querem torná-la ainda mais abrangente e ampla. Então, o que estamos vendo é uma hipocrisia incrível, uma falha no teste do sapato no outro pé, um padrão diferente para Trump e para outras pessoas.

E, a propósito, não é uma divisão republicanos-democratas. É uma divisão entre anti-Trump e pró-Trump. Agora sou uma das poucas pessoas, sou anti-Trump, mas coloco a Constituição muito antes de qualquer um dos meus interesses partidários. E vou manter a abordagem que usei por sessenta anos para a Lei de Espionagem de 1917 a respeito da superclassificação. Só não vou mudar meus critérios. E a razão pela qual tive que escrever meu livro, *The Price of Principle*, é porque não mudei meus critérios. Eles querem que eu mude meus critérios como o *The New York Times* fez. Eles querem que eu diga que Trump é diferente. Se o objetivo é perseguir Trump, dane-se a Constituição, dane-se a Primeira Emenda, dane-se a Quarta Emenda, dane-se a Sexta Emenda. Persiga Trump. Isso é macarthismo. Eu experimentei o macarthismo na década de 1950. Nesse caso, as pessoas diziam, pegue o comunista. Não importa qual seja o custo. Esqueça a Constituição. Naquela época, eram os republicanos que diziam isso. Hoje são os democratas.

Gerry Baker
O que há em Trump que causou isso? Quer dizer, novamente, seus detratores diriam: "Bem, é porque ele faz coisas que são, no mínimo, altamente heterodoxas, contrárias às normas de comportamento constitucional". Desde o início, ele teve uma abordagem meio rápida e solta da Constituição, da verdade e de todo esse tipo de coisa. Seus defensores diriam que é apenas porque ele representa uma mudança tão radical e uma ameaça radical ao "*deep state* e ao *establishment*". Qual é a sua sensação de por que ele parece ter atraído esse nível de opróbrio. E, em particular, até o ponto, como você diz, em que os repórteres irão a extremos extraordinários, incluindo sentar-se de forma deferente e acrítica, ouvindo os oponentes e críticos de Trump no governo. O que você acha que é isso?

Alan Dershowitz
É em grande parte culpa de Trump. Ele violou as normas de governança. Fez coisas que nenhum presidente deveria fazer. Vamos falar sobre a alegação de que ele ganhou a eleição. Isso é central. Essa foi uma alegação falsa. Isso foi um ataque perigoso, perigoso à nossa Constituição. Isso é totalmente injustificável e deve deixar todos muito preocupados com Trump. E não estou aqui para defender nada disso. Estou aqui para dizer que não importa o quão ruim Trump tenha sido, os fins não justificam os meios. E você não pode ir atrás dele por motivos inconstitucionais. Vamos lembrar o que era o comunismo na década de 1950. A China tinha sido tomada pelos comunistas, Cuba, a Europa Oriental. Khrushchev havia dito: *"Vamos enterrá-lo!"*. Havia um grande perigo de comunismo. Era um perigo sério. Foi muito, muito exagerado. Mas as pessoas da direita estavam genuinamente com medo. E eles disseram: *"É mais importante parar o comunismo do que defender a Constituição"*. As pessoas estão dizendo a mesma coisa agora. Posso contar quando Larry David me confrontou na varanda de uma loja da Chilmark e me chamou de nojento, porque dei um tapinha nas costas de Mike Pompeo parabenizando meu ex-aluno pelo que ele havia feito no Oriente Médio. Larry realmente quis dizer isso. Era como se ele estivesse falando com o assistente-chefe de Adolf Hitler, porque eu havia defendido o presidente Trump. As veias de sua testa incharam. Se você fizesse um teste no detector de mentiras, ele diria: "Esta é a pior coisa que já aconteceu na América". Então, eu entendo isso, mas não aprovo nem mesmo justificar a destruição da Constituição como Larry David e outros querem que eu faça. Não vou fazer isso.

Gerry Baker
O Archives Office tem essas preocupações legítimas e está tentando recuperar esses documentos, eles estão nessas

negociações com Trump e com os advogados de Trump há dezoito meses. Eles recuperaram alguns deles. Houve alguma cooperação do pessoal de Trump, talvez não o suficiente, de acordo com o governo, mas estão tentando fazer isso. Eles chegaram a um ponto em que parecem ter chegado a um impasse em que, neste último ajuizamento, o pessoal de Trump estava dizendo a eles, não há mais documentos. E de fato, caso fossem documentos e todas essas coisas, que outro recurso eles tinham?

Alan Dershowitz
Muito simples. Você vai ao tribunal imediatamente e aplica a intimação. Você faz com que o juiz emita um mandado, exigindo que Trump e seu conselho entreguem todas aquelas caixas agora, dentro de uma hora. Você pode até aplicar a intimação enviando fiscais ao local para garantir que a intimação seja cumprida. A diferença é que o governo não consegue olhar dentro das caixas sem a necessidade de alguém independentemente vasculhar e decidir o que é privilegiado, o que não é privilegiado, o que é classificado, o que não é classificado. Até mesmo Garland disse em sua declaração que a política do Departamento de Justiça é não usar um mandado de busca, a menos que não haja outra alternativa razoável menos intrusiva. Havia uma alternativa simples e razoável aqui. Faça valer a intimação. Eles não queriam fazer isso, porque as intimações não são tão intrusivas quanto o mandado de busca. Você não conseguiria uma intimação para revistar o armário da sra. Trump. Talvez você não conseguisse uma intimação para revistar o cofre trancado. Você não poderia obter uma intimação para examinar o material de privilégio advogado-cliente por meio de uma equipe de contaminação. Assim, o governo obtém uma tremenda vantagem tática ao usar um mandado de busca, mas havia uma alternativa e eles

falharam em usá-la. Então, minha opinião é que havia causa provável para obter um mandado de busca. Não culpe o juiz Reinhardt. Havia uma causa provável, mas mandados de busca são distribuídos tão facilmente quanto doces de Halloween. A culpa é do Departamento de Justiça por solicitar um mandado de busca. A mesma coisa se aplica a um indiciamento. Seria fácil para o governo agora obter um indiciamento com base simplesmente no fato de haver material classificado em posse do ex-presidente que deveria estar nos Archives. Eles podem obter um indiciamento, mas não devem buscar um, a menos que os padrões que estabeleci, os padrões de Nixon-Clinton, sejam atendidos. Então, há uma diferença enorme entre o que você pode fazer e o que você deve fazer. Só porque você pode fazer isso, não significa que você deve fazê-lo.

Gerry Baker
Para onde isso vai, Alan? Você acha que vai haver um indiciamento? Que vai haver um processo real?

Alan Dershowitz
Antes de ontem eu pensava que não, mas, com o último processo e alegações de obstrução da justiça, acho que as evidências agora estão se inclinando um pouco mais para a possibilidade de um indiciamento. Se eles puderem atender ao padrão Nixon. E você tem razão, aliás, o partidarismo cresceu muito. Mas há líderes do Partido Republicano que, se houvesse um caso claro de obstrução da justiça, um caso claro de destruição de documentos sem justificativa, acho que há líderes republicanos que diriam basta. Ele cruzou esse limiar.

Gerry Baker
E qual é a acusação? É obstrução da justiça? São algumas ofensas relacionadas no Lei de Registros Presidenciais?

Alan Dershowitz
Não seria sobre a Lei de Registros Presidenciais. Isso não satisfaria os padrões Clinton. Não satisfaria os critérios Berger. Você não pode usar leis pela primeira vez contra um homem que está prestes a concorrer contra seu presidente em exercício. Devem ser leis padrão que foram aplicadas por muitos e muitos anos contra muitas pessoas de ambas as partes. É por isso que a obstrução da justiça é tão importante. Se isso puder ser provado, isso satisfaria os padrões.

Gerry Baker
E isso seria obstrução de justiça relacionada à sua objeção, sua recusa em entregar o...

Alan Dershowitz
Não, isso não seria suficiente. Sua recusa não seria suficiente. Isso não é obstrução. Você pode lidar com isso por meio de uma intimação. O que seria obstrução é destruir documentos, subornar. O que Nixon fez. Ele obstruiu a justiça no sentido mais claro da palavra, oferecendo subornos. Não havia nenhuma dúvida sobre isso. Teria que haver um alto nível de obstrução intencional e deliberada da justiça para que essa acusação fosse feita.

Gerry Baker
E, para ser claro, você acha que eles farão essa acusação?

Alan Dershowitz
Acho que isso está inclinado para um indiciamento com alegações de obstrução da justiça, que, sem as alegações de obstrução da justiça, não acho que eles tenham qualquer caso possível de indiciamento. Se eles podem fazer um caso de obstrução da justiça, isso se inclina para a possibilidade de um indiciamento.

Gerry Baker
Eu gostaria de falar sobre 6 de janeiro. Houve alguma especulação no início desse processo de que talvez o governo estivesse realmente jogando verde para colher maduro a fim de tentar encontrar alguns documentos que pudessem ajudá-los a abrir um processo de que Donald Trump infringiu a lei e recomendar ao Departamento de Justiça que eles instaurassem um processo. Qual é a sua percepção sobre para onde tudo isso está indo em termos do potencial risco legal de Trump?

Alan Dershowitz
Bem, primeiro há uma enorme diferença entre fazer a coisa errada e ser indiciado criminalmente. Trump fez a coisa errada. Ele jamais deveria ter feito aquele discurso em 6 de janeiro. Ele estava constitucionalmente protegido, mas também o estavam os nazistas marchando por Skokie ou os comunistas. Ele não deveria ter feito aquele discurso. Foi uma provocação. Sim, ele usou as palavras de forma patriótica e pacífica, mas, se você olhar todo o discurso no contexto, não deveria ter sido feito, mas estava protegido constitucionalmente. Não foi incitação. Foi o ativismo sob os principais casos na Suprema Corte. Mais uma vez, como sempre, os inimigos de Trump estão exagerando a situação. Tomemos, por exemplo, meu ex-colega Laurence Tribe, o qual, na CNN, anunciou que achava que o presidente Trump deveria ser indiciado pela tentativa de homicídio, a tentativa de assassinato do vice-presidente Pence. Agora, declarações como essa são tão exageradas que prejudicam a credibilidade do lado que as faz. O mesmo aconteceu com o comitê do Congresso. Tolamente, o comitê do Congresso não incluiu nenhum apoiador pró-Trump. Dois deles foram propostos, Pelosi os recusou, e então os republicanos tolamente se recusaram a colocar substitutos. Portanto, não há poder de

intimação pró-Trump, nenhum interrogatório pró-Trump. E assim, o próprio comitê carecia de credibilidade. Portanto, não acho que haverá uma acusação referente a 6 de janeiro. Eu não tenho certeza. Agora estou representando um dos jovens, um estudante da faculdade de Direito que foi protestar de forma pacífica e patriótica, entrou no Capitólio, e saiu quando lhe disseram para sair depois de ter sido basicamente recebido por acenos pela polícia. E assim, há muitos, muitos casos pendentes, mas colocar a culpa criminal no presidente por isso seria ir demasiado longe.

Gerry Baker
Agora quero falar um pouco sobre o clima mais amplo que temos. Você descreveu seu encontro com Larry David e o fato de ter sido impedido de entrar em uma biblioteca. Alan, você reconheceria isso; você tem sido uma figura controversa e abraçou algumas causas controversas, na verdade, de má reputação até, e Jeffrey Epstein talvez esteja entre as mais marcantes.

Alan Dershowitz
Nunca fui cancelado por nenhuma dessas coisas. As pessoas diziam: "Você é como John Adams". Você representou o Massacre de Boston. Você representou o criminoso mais hediondo e mais gravemente acusado. Eu nunca, nunca fui cancelado por isso.

Gerry Baker
Parte essencial de nossa democracia é que as pessoas, por mais hediondos que sejam os crimes dos quais possam ser acusadas, tenham direito à melhor defesa possível. Certo?

Alan Dershowitz
Sim. Vou lhe dar um exemplo. Amanhã é meu aniversário de 84 anos. No meu aniversário de 80 anos, fizemos uma festa

no *deck* de nossa casa em Chilmark, na qual compareceram cerca de cem pessoas, vizinhos. Isso foi depois que defendi Epstein. Isso foi depois que eu defendi muitas outras pessoas. Foi a defesa de Donald Trump que virou tudo, que transformou amigos em inimigos. O fator Trump é o fator mais significativo na criação do clima intolerante que temos agora nos Estados Unidos. As pessoas não podem falar umas com as outras. Trump não consegue os melhores advogados do país para representá-lo, porque as pessoas me disseram que não queremos ser *dershowitzados*. "*Não queremos que aconteça conosco e com nossa família o que aconteceu com você*". Minha esposa, por exemplo, estava malhando em uma Academia. Uma mulher entrou e disse: "*Não posso ficar na mesma sala que a esposa de Alan Dershowitz*". Eu estava sentado ao lado de Caroline Kennedy em um jantar. E ela disse: "*Se eu soubesse que você tinha sido convidado, não teria vindo*". Sugerindo que ela não poderia estar na mesma sala que eu. Esta é a mulher que é embaixadora na Austrália, que tem que negociar com líderes estrangeiros. Ela não pode estar na mesma sala com alguém porque ele defendeu Donald Trump sob a Constituição. Esse é o clima sobre o qual escrevo em meu livro *The Price of Principle*. Eu tentei muito manter os mesmos princípios que tive por quase sessenta anos lutando contra o macarthismo, lutando contra a negação do devido processo legal, lutando pela liberdade de expressão para todos, não só para mim, mas também para você. E, por isso, paguei um preço alto. Minha esposa pagou um preço alto. Meus filhos pagaram um preço muito alto, mas o mais importante, as pessoas que querem me ouvir na biblioteca em Chilmark e em outros lugares onde fui cancelado não podem me ouvir. Isso viola os direitos da Primeira Emenda, assim como os meus.

Gerry Baker
Eu acho que sim, para bancar o advogado do diabo um pouco aqui. O presidente Biden tem falado sobre a facção MAGA, obviamente Donald Trump por extensão, como semifascista. E suponho que seja por isso que as pessoas se sentem tão fortes. Quer dizer, você pode discordar disso. Eu nem sei o que significa semifascista, mas tem pessoas que acham, pessoas bem sérias, e você encontra o tempo todo, pessoas que acham que Trump representa uma espécie de ameaça fascista única à democracia, e que isso exige algo muito além do tipo de política normal de procedimentos constitucionais e democráticos. Ele é um míssil único apontado para nossa instituição democrática.

Alan Dershowitz
Concordo plenamente com você. E vamos lembrar também que existe uma mentalidade totalitária entre alguns apoiadores de Trump, mas existe uma mentalidade totalitária entre as pessoas *woke* na extrema esquerda. Alguns dos principais acadêmicos de hoje estão pedindo o fim da Constituição, o fim da liberdade de expressão, o fim do devido processo legal, dizendo que essas são noções supremacistas patriarcais escritas em uma Constituição redigida por proprietários de escravos. Então, estamos vendo instintos totalitários em ambas as extremidades do espectro. E eu sempre disse que a extrema direita está mais próxima da extrema esquerda do que qualquer um deles dos verdadeiros conservadores e verdadeiros progressistas. Eu me considero um verdadeiro progressista que se opõe a qualquer tipo de mentalidade totalitária. E não gosto de usar a palavra fascista. Não acho que o presidente deva usar essa palavra porque conota a Alemanha nazista e a Itália fascista. Não estamos nem perto disso, mas estamos com problemas. Estamos em apuros, porque a extrema esquerda e a extrema

direita demonstraram intolerância. E por um bom motivo. Se você acha que tem a verdade com V maiúsculo, por que precisa de liberdade de expressão? Por que você precisa de dissidência? Por que você precisa do devido processo legal? Sabemos quem é culpado e quem é inocente. Por que você precisa de testes? É o fim da democracia. E isso está vindo tanto da esquerda quanto da direita. E é mais perigoso pela esquerda. Deixe-me dizer por quê. A direita é, em grande parte, o passado. A esquerda é o futuro. A extrema esquerda está ensinando e fazendo propaganda aos nossos estudantes universitários hoje. Pessoas que daqui a dez anos serão chefes de corporações, chefes de mídia, pessoas estarão no Congresso. Eles concorrerão à presidência dos Estados Unidos em vinte anos. E hoje são alvo de propaganda vinda da parte de professores e colegas que não acreditam na liberdade de expressão e no devido processo legal e que acreditam que os fins justificam os meios. É por isso que a extrema esquerda hoje é de fato mais perigosa do que a extrema direita. E eu gostaria que o presidente Biden passasse algum tempo atacando as pessoas que votam nele e que são da extrema esquerda, porque essa é a obrigação de toda pessoa decente. Você ataca as pessoas que estão mais próximas de você. Como progressista, como pessoa que se identificou com a esquerda, passo muito mais tempo atacando a esquerda do que atacando a direita. E acho que o presidente Biden deveria fazer a mesma coisa.

Gerry Baker
Alan Dershowitz, tenho certeza de que muitas pessoas que estão ouvindo isso vão concordar com você. Alan Dershowitz, muito obrigado por estar conosco.

Alan Dershowitz
O prazer é meu. Obrigado.

"Persigua Trump!", Dane-se a Constituição

Uma cena do filme *O Homem Que Não Vendeu Sua Alma* ilustra bem o debate atual sobre o comprometimento da Constituição para perseguir Trump:

> **William Roper:** "Então, agora você dá ao diabo o benefício da lei!".
>
> **Sir Thomas More:** "Sim! O que você faria? Abriria um grande caminho por meio da lei para ir atrás do diabo?".
>
> **William Roper:** "Sim, eu rasgaria todas as leis da Inglaterra para fazer isso!".
>
> **Sir Thomas More:** "Como é? E quando a última lei caísse, e o diabo se voltasse contra você, onde você se esconderia, Roper, com todas as leis tendo sido derrubadas? Este país está cheio de leis, de costa a costa, leis do homem, não de Deus! E se você as derrubar, e você é o homem certo para fazer isso, realmente acha que poderia ficar de pé nos ventos que soprariam então? Sim, eu daria ao diabo o benefício da lei, para minha própria segurança!".

Hoje, à esquerda, há mais Ropers do que Mores. Sam Harris, por exemplo, declarou que está disposto a quebrar a democracia para salvar a democracia. Outros também expressaram vontade de derrubar a Constituição para pegar o diabo. O demônio de hoje é Trump, e os Ropers de hoje estão dispostos a "abrir um grande caminho por meio da lei para perseguir o demônio (atual)". Como More, eu daria a todos "o benefício da lei", mas não apenas "para minha própria segurança", mas para o bem das gerações futuras. Uma vez que a Constituição e as liberdades civis são "derrubadas", é difícil recuperá-las e os "ventos que as soprariam" podem nos impedir de "ficar de pé" contra novas tiranias de extrema esquerda e extrema direita.

Existe uma maneira legítima de impedir que Trump seja eleito em 2024, assim como ele não foi eleito em 2020: uma eleição justa o derrotou uma vez e pode fazê-lo novamente – sem derrubar a Constituição e enfraquecer o Estado de Direito. Mas será preciso muito trabalho; não atalhos inconstitucionais.

Os Prós e Contras de um Procurador Especial para Trump

O procurador-geral Merrick Garland nomeou Jack Smith como promotor especial para investigar Donald Trump. A decisão foi tomada depois que Trump anunciou sua candidatura à presidência. O objetivo de um promotor especial é evitar tanto a realidade quanto a percepção de viés político inerente a um procurador-geral que investiga o potencial oponente político de seu chefe.

O lado positivo de um procurador especial é que ele é independente do procurador-geral e de outros funcionários de alto escalão do Departamento de Justiça nomeados pelo presidente em exercício e que podem ser demitidos ou promovidos por ele. Isso não sugere que qualquer uma dessas pessoas seria abertamente influenciada por uma consideração política, e não pelo Estado de Direito. Tal viés é, claro, possível, seja em um âmbito consciente ou inconsciente, mas, mesmo que ele não existisse na realidade, a percepção generalizada seria de que estava lá. A justiça não deve apenas ser feita, mas também deve ser vista como sendo feita. Isso é especialmente importante em nosso momento atual de política partidária altamente divisiva.

Para todos os efeitos, Jack Smith se encaixa no perfil de independência e profissionalismo. Ele tem uma longa carreira como promotor estadual, federal e internacional. Sua experiência torna altamente provável que conduza uma investigação objetiva. Mas, seja como for, Smith será atacado: os republicanos partidários o criticarão se ele for contra Trump, enquanto os democratas partidários se oporão se ele for a seu favor. É uma situação sem saída para qualquer um interessado em popularidade ou futuro político. Os promotores especiais anteriores, como o falecido Ken Starr, entenderam isso quando assumiram o cargo, mas colocaram o patriotismo acima do carreirismo.

O papel de um procurador especial é diferente do de um procurador-geral, porque os procuradores especiais têm um alvo específico. A discricionariedade do Ministério Público é um aspecto central, talvez o aspecto central, do trabalho dos promotores comuns. Eles não apenas decidem se a lei criminal foi tecnicamente violada, mas também analisam todas as ações no contexto de outras semelhantes que foram ou não processadas. Isso é especialmente importante em um caso de grande visibilidade e divisão como o de Donald Trump.

Suponha, por exemplo, que uma investigação conclua que ele era tecnicamente culpado de violar os estatutos relativos ao manuseio incorreto de documentos classificados ou secretos. Mas também suponha que a investigação conclua que seu mau comportamento não foi significativamente pior do que o de Hillary Clinton, que também era candidata à presidência. Um promotor comum pode realizar uma análise comparativa, como a feita pelos promotores e pelo FBI no caso Hillary Clinton. Eles concluíram que ninguém havia sido processado anteriormente por conduta semelhante. Um promotor especial tem menos probabilidade de fazer um julgamento comparativo, embora seu mandato não impeça isso.

A função do promotor comum é investigar crimes em geral e priorizar aqueles que devem ser processados. Eles normalmente não se concentram primeiro no indivíduo e depois procuram determinar se ele cometeu algum crime. Mas é exatamente isso que os promotores especiais fazem. Como diz a velha expressão: *"Para um martelo, tudo é um prego"*. Para um promotor especial, seu alvo pode muito bem ser considerado culpado, em vez de inocente. Isso não é inevitável, mas é mais provável em relação a um promotor especial do que a um promotor comum.

Ninguém deve se apressar em julgar a decisão de Garland de nomear um promotor especial. Garland é um homem decente, um ex-juiz altamente respeitado e alguém que não mergulhou na política partidária. Sua escolha de promotor especial também parece adequada ao cargo. Mas resta saber se Smith e sua equipe serão capazes de resistir às enormes pressões partidárias que serão colocadas sobre eles.

Até agora, as investigações de Trump e seus associados não passaram no teste da justiça sendo feita ou mesmo vista como sendo feita. Uma aura de partidarismo permeou a maioria das investigações, especialmente daquelas conduzidas pelo Comitê de 6 de janeiro da Câmara e pela procuradora-geral de Nova York, Letitia James, que fez campanha com a promessa de pegar Trump. A forma como vários associados de Trump foram presos e algemados também deu credibilidade às alegações de partidarismo, assim como o uso de um mandado amplo em vez de uma intimação mais restrita na busca de Mar-a-Lago.

Assim, um procurador especial deve ser "a esposa de César" quando se trata de conduzir investigações de um candidato republicano à presidência. Qualquer coisa que não seja completa objetividade e conformidade com o Estado de Direito apenas exacerbará as divisões partidárias que atualmente assolam os Estados Unidos.

A Bagunça de Classificação de Biden Ajudará Trump

A recente revelação de que o presidente Biden armazenou, em uma instalação privada, material sigiloso a que teve acesso enquanto vice-presidente tornará mais difícil para o procurador-geral Eric Garland processar Donald Trump por seu manuseio incorreto de informações classificadas.

Pode haver diferenças consideráveis entre os casos de Biden e Trump, mas a manchete é a mesma: Biden e Trump manusearam de forma inadequada informações classificadas. É assim que o público vai perceber os dois casos, independentemente do que os promotores e investigadores especiais possam descobrir. Se o procurador-geral Garland tratar os dois casos de maneira significativamente diferente – se ele permitir o julgamento de Trump sem permitir o julgamento de Biden – muitos, no público em geral, perceberão um padrão duplo. Isso é especialmente problemático, pois a nação americana está bem dividida e é provável que a eleição de 2024 coloque um contra o outro. Qualquer decisão do Ministério Público em relação a esses dois candidatos certamente se tornará uma questão política nas campanhas de 2024.

Mesmo antes das recentes revelações a respeito de Biden, argumentei que, para que o Departamento de Justiça processasse Donald Trump pelo que foi encontrado em Mar-a-Lago, dois requisitos teriam de ser cumpridos. O primeiro é o Richard Nixon, que foi destituído do cargo não por pressão dos democratas, mas, sim, por ameaças de líderes republicanos de que seria cassado e processado se não renunciasse. Esse apoio bipartidário deu credibilidade ao seu afastamento.

O segundo critério é o que chamo de comparações entre Hillary Clinton e Sandy Berger. Para processar Trump por seu manuseio incorreto de material classificado, as evidências teriam que mostrar diferenças consideráveis entre aquilo do que Trump é acusado de fazer e daquilo que os dois democratas foram acusados de fazer. Agora esse padrão foi expandido para incluir os episódios Clinton-Berger-Biden. As evidências devem mostrar diferenças conclusivas entre os três democratas, que não foram processados, e Donald Trump.

Com base nas evidências atualmente disponíveis, nenhum desses padrões foi cumprido. Talvez sejam divulgadas novas evidências que justifiquem o julgamento de Trump sem qualquer suspeita de duplo padrão partidário. O procurador-geral Garland entende que seu trabalho é garantir não apenas que a justiça seja feita, mas que seja vista como sendo feita. As recentes revelações de Biden provavelmente tornariam isso impossível, especialmente no atual ambiente bipartidário.

Além disso, há a questão do tempo. Por que o governo Biden atrasou a divulgação da questão Biden até agora. De acordo com relatos da mídia, a divulgação veio somente depois que ficou claro que seria noticiada na imprensa. Se for verdade, isso levanta a questão de saber se, em algum momento, teria sido relatada se a mídia não tivesse ouvido falar dela. Também faz refletir sobre quem revelou a informação para a imprensa.

Muitos republicanos afirmam que a falha em divulgar o manuseio incorreto por Biden de material classificado, antes das eleições de meio de mandato, pode ter a intenção de evitar que isso impactasse a votação. Sabemos que o tempo pode ser tudo quando se trata de votação. A decisão do ex-diretor do FBI James Comey de divulgar a reabertura da investigação contra Hillary Clinton na véspera da eleição de 2016 pode muito bem ter impactado sua estreita derrota. Nós nunca saberemos.

Pode ser compreensível que a divulgação não tenha sido feita na semana entre sua descoberta e a eleição, mas é difícil explicar o atraso adicional de dois meses. Embora o episódio de Biden possa ser totalmente inocente, como acredito que provavelmente foi, o público tinha o direito de fazer esse julgamento em tempo real. As pessoas também têm o direito de saber que ele rapidamente entregou o material aos arquivos e que seus advogados, ao que tudo indica, cooperaram totalmente com as investigações. Isso contrasta fortemente com o que Trump e sua equipe jurídica fizeram e não fizeram.

A lei e a prática em relação ao material presidencial e vice-presidencial são tudo menos claras. Isso é especialmente verdadeiro quando se trata da possibilidade de processo criminal. É altamente improvável agora que qualquer um, republicano ou democrata, seja processado por manuseio incorreto de informações classificadas após deixar o cargo. A lei deve ser esclarecida, e a lei criminal deve ser aplicada apenas ao manuseio indevido de material altamente sensível que coloque em risco a segurança nacional.

**Garland Nomeia
Promotor Especial para Biden**

Costuma-se dizer que a justiça não deve apenas ser feita, mas deve ser "vista". A nomeação do promotor especial para investigar o suposto uso indevido de informações classificadas pelo presidente Biden não foi feita para que a justiça fosse alcançada, mas para que todos tomassem ciência de que estava sendo perseguida.

Sabemos que o presidente Biden não será indiciado pelo material confidencial que está aparecendo em vários locais. Em primeiro lugar, um presidente em exercício não pode ser constitucionalmente indiciado. O Departamento de Justiça reconhece isso em suas próprias regras e diretrizes. Nem é este um caso em que outros podem estar sujeitos a indiciamento. Por fim, mesmo que Biden fosse considerado culpado de crimes, eles não subiriam ao nível de crimes graves e contravenções, que são os critérios para o impeachment.

Então, por que o procurador-geral Garland nomeou um procurador especial? A resposta é clara: porque ele já havia nomeado um procurador especial para investigar Donald Trump. Uma vez que ambos os homens provavelmente concorrerão um contra o outro à presidência, é imperativo que sejam tratados igualmente. Mesmo que os fatos difiram um pouco, o resultado final é que ambos parecem ter manipulado mal o material sigiloso.

Numa época em que os americanos estão profundamente divididos e concordam sobre tão pouco, há uma conclusão que parece unir a todos: a grande maioria dos cidadãos acredita fortemente que existem diferenças entre o que Biden e o que Trump supostamente fizeram. Esse é o acordo. Mas também metade do país parece acreditar que o que Biden fez foi pior, enquanto a outra metade acredita que o que Trump fez foi pior. Pouquíssimos parecem acreditar que eles são igualmente culpados.

Minha própria crença é que todos os presidentes e vice-presidentes provavelmente manipularam mal o material classificado de alguma forma. Isso não é por qualquer intenção malévola. Ninguém deu ou vendeu esse arquivo aos inimigos. O manuseio incorreto provavelmente foi um descuido ou algo planejado para ajudar um ex-funcionário a escrever suas memórias. O caso de Sandy Berger é um exemplo deste último. Ele enfiou o documento inapropriadamente em seu poder em suas meias para facilitar a escrita de suas memórias. Os outros exemplos recentes – Hillary Clinton, Donald Trump e Joe Biden – parecem casos de desleixo, preguiça ou conveniência.

Deve haver investigações completas de todas essas violações de segurança, para que o Congresso posse esclarecer e endurecer as regras. Não deveria ser lei que o presidente possa desclassificar qualquer coisa, sem notificar ninguém ou fazer qualquer registro. E essa parece ser a regra atual, pelo menos no que se refere à responsabilidade criminal em potencial. Mas promotores especiais não devem ser nomeados para fazer investigações gerais que levem a mudanças na lei. Esse é o trabalho do Congresso. Procuradores especiais devem determinar se seu alvo será indiciado e processado. É quase certo que o resultado dessas investigações será a decisão de não processar Biden ou Trump.

Mesmo que um ou ambos os promotores especiais recomendassem o indiciamento – uma perspectiva improvável –, o procurador-geral Garland não seguiria seu conselho. Ele entende que, se apenas um deles for processado, as divisões no país seriam muito exacerbadas. Portanto, o resultado final será que nenhum dos dois será indiciado.

No mundo atual de olho por olho, essas supostas violações se anulam. Esse pode não ser o caso em termos de lei – um pode ser muito mais criminoso que o outro – mas certamente é assim em termos do *realpolitik*. E vivemos em um mundo onde a lei se curva à política.

Portanto, deixem os dois promotores especiais começarem a jogar trabalho e tempo fora. Deixem-nos cavar profundamente. Talvez eles encontrem novas evidências que diferenciem os casos de forma tão nítida que o público aceitaria o julgamento de apenas um deles. Mas isso é altamente improvável. Cada lado continuará a alegar que o outro é mais culpado e deve ser processado. Essas demandas partidárias por "justiça para mim, mas não para ti" também se anulam no tribunal da opinião pública.

Os democratas começaram tudo isso por sua ostensiva reação exagerada às negligências de Trump, manifestada por meio de uma busca e apreensão injustificada. O presidente Biden não conseguia entender como seu antecessor podia ser tão insensível às questões de segurança, colocando fontes e métodos em risco. Agora o ex-presidente Trump está jogando essa declaração de volta para seu rival. Isso é o que o olho por olho da justiça na mesma moeda fez. Ficamos todos mais pobres por isso.

Por Que Acusar Alec Baldwin de Homicídio Culposo Está Errado

A disposição de promotores e políticos de vincular a lei penal aos alvos adequados não se limita aos inimigos políticos. A acusação de Alec Baldwin ilustra como leis vagas e abertas podem ser estendidas para acomodar celebridades em casos *high-profile*.

Os promotores do Novo México estão errados ao acusá-lo de homicídio culposo no tiro acidental em Halyna Hutchins. Está claro que o ator não pretendia disparar uma arma carregada. Foi um acidente trágico, e estes geralmente não são crimes, a menos que envolvam intenção criminosa. Sempre que uma pessoa inocente é morta pelas ações de outra, e há a tentação de buscar responsabilidade criminal por parte do atirador, às vezes ela pode ser encontrada. Outras vezes, não pode.

Nesse caso, Baldwin afirma que foi explicitamente informado de que a arma não continha munição real. Mesmo que os promotores possam lançar dúvidas sobre essa declaração de interesse próprio, será impossível para eles provarem, para além da dúvida razoável, que Baldwin acreditava estar arriscando a vida de Hutchins ao puxar o gatilho ou ao engatilhar a arma.

Como Baldwin disse anteriormente em uma entrevista: "*Alguém é responsável pelo que aconteceu; e não posso dizer quem é, mas sei que não sou eu*". É verdade que alguém, ou várias pessoas, foram os responsáveis por permitir que houvesse munição real em uma arma que seria disparada no estúdio. Mas, na falta de uma conspiração – e não há evidências de que existisse uma aqui –, a culpa criminal é pessoal. Os promotores teriam que provar não que houve negligência no set, mas que o próprio Baldwin foi pessoalmente responsável pela desídia grosseira que levou à morte de Halyna Hutchins. Com base nas evidências que foram tornadas públicas, esse ônus não poderá ser cumprido. Um ator, mesmo que também tenha sido produtor, tem o direito de confiar na garantia do responsável pelas indumentárias de que recebeu uma arma sem munição real.

O estatuto do Novo México que define o homicídio involuntário – como as leis em muitos outros estados – atribui enorme liberdade aos promotores porque seus termos são vagos e sujeitos a múltiplas interpretações. Aqui está o que a Seção 30-2-3B prevê: *"Homicídio involuntário consiste em homicídio culposo cometido na prática de um ato ilegal não equivalente a crime, ou na prática de um ato legal que pode produzir a morte de maneira ilegal ou sem a devida cautela e circunspecção"*.

O que constitui "devida cautela e circunspecção" não está claro, assim como o conceito de um ato legal que pode produzir a morte "de maneira ilegal".

Certa vez, Thomas Jefferson disse que, para um estatuto criminal ser constitucional, ele deve ser capaz de ser entendido por uma pessoa que o lê "enquanto corre". Uma imagem muito interessante! Estou lendo o estatuto sentado, depois de estudar e ensinar direito criminal e constitucional por mais de meio século, e não tenho certeza do que isso significa. É difícil imaginar que Alec Baldwin pudesse ler esse estatuto e entender que disparar uma arma que lhe disseram que não continha munição real seria um ato ilegal ou um ato legal que poderia produzir mortes de maneira ilegal.

No passado, os tribunais sustentaram que os crimes devem ser definidos de forma restrita e razoavelmente compreensíveis a partir da leitura de estatutos preexistentes. A norma criminal, ao contrário da responsabilidade civil e da lei contratual, é regida por estatutos, e não pela lei comum. Termos vagos não podem ser ajustados a circunstâncias trágicas que clamam por retribuição.

Os promotores do Novo México podem receber algum consolo de um caso de tiro acidental altamente divulgado em Minnesota, que resultou na condenação e prisão de um policial. A ex-policial Kim Potter acreditava que estava disparando uma arma de choque contra um criminoso em fuga. Mas ela acidentalmente sacou a arma errada e atirou na vítima com munição real, matando-a. Não houve dúvida de que Potter atirou com a arma errada por acidente. Portanto, apesar de seu longo histórico de serviços eminentes à polícia, ela foi condenada. Esse caso está agora em apelação, e a condenação deve ser revertida, mas, por causa da atmosfera atual em torno dos tiroteios policiais contra homens afro-americanos (a vítima no caso Potter era um adolescente), é possível que os tribunais de apelação de Minnesota cheguem à decisão errada.

Mas dois erros não se traduzem em um acerto. A lei criminal deve ser reservada para ações voluntárias, deliberadas e intencionais. No mínimo, se a negligência pode servir como base para condenação, deve ser o tipo de negligência que o réu poderia ter antecipado que produziria um resultado trágico.

Alec Baldwin é uma celebridade rica e poderosa. A lei deve ser aplicada de forma justa a ele, como seria para os outros. Às vezes, pessoas como Baldwin são favorecidas por sua celebridade. Às vezes, estão em desvantagem. A questão é se esse processo criminal teria sido instaurado se a pessoa que disparou a arma fosse desconhecida. Em um caso anterior, um ator chamado Brandon Lee foi acidentalmente baleado e morto por uma arma carregada com balas de festim, que, sem o conhecimento do atirador, continha fragmentos de metal no cano que causaram a trágica morte. O atirador naquele caso não foi acusado, mas os participantes foram processados civilmente. Eu fui consultor nesse caso. A decisão parece ter sido correta. Todos os envolvidos no caso Baldwin foram processados, e alguns chegaram a um acordo. Essa também parece ser a solução certa para um trágico acidente.

[CAPÍTULO 5]
A Cumplicidade da Mídia e da Academia

O sistema constitucional americano de separação de poderes e de freios e contrapesos inclui apenas instituições governamentais: os poderes Executivo, Legislativo e Judiciário. Mas as instituições não governamentais, como a mídia, a Academia e a religião, também desempenham um papel importante na verificação dos abusos do governo. A Primeira Emenda, separando a igreja do Estado e impedindo o controle governamental sobre a imprensa, fornece verificações adicionais contra a tirania.

Neste capítulo, enfoco o fracasso desses ramos extragovernamentais, que são protegidos pela Primeira Emenda, em fornecer controles neutros. Ou seja, em vez de fazerem parte da solução dos excessos partidários, muitos deles passaram a fazer parte do problema. Eles também estão tentando encurralar Trump para impedi-lo de recuperar a presidência, empregando meios perigosos e sem princípios.

O Twitter Suprimiu a História do Laptop de Hunter Biden Antes das Eleições Presidenciais de 2020

A revelação prometida por Elon Musk sobre a história real por trás da recusa do Twitter em tuitar a reportagem do *New York Post* sobre o laptop de Hunter Biden ficou aquém de uma "notícia bombástica". Mas continha informações preocupantes sobre o possível papel dos atores do governo nesta decisão pré-eleitoral.

O repórter a quem Musk forneceu sua revelação falou sobre a influência de "atores conectados". Nem os nomes nem os status desses agentes foram fornecidos, pelo menos não ainda. O contexto sugere que o polegar do governo pode ter pesado, direta ou indiretamente, nas decisões de censura do Twitter. A Primeira Emenda não proíbe o Twitter, uma empresa privada, de censurar por motivos partidários ou qualquer outro. Ela proíbe o governo de censurar, exceto em circunstâncias extraordinárias não relevantes para o laptop de Hunter Biden.

Assim, as perguntas são: os agentes do governo desempenharam algum papel nas decisões do Twitter? Em caso afirmativo, a que ponto chegou esse papel? A pressão governamental, direta ou indireta, foi empregada? Se sim, por quem? E quanto? Os funcionários continuam a influenciar as decisões de outras mídias sociais? Eles têm motivos convincentes, e não partidários, para se intrometer? Ou a intrusão foi projetada para ajudar os democratas nas eleições iminentes?

Se Musk souber as respostas para algumas, ou para todas essas perguntas importantes, espero que ele as forneça em divulgações subsequentes, porque elas são relevantes. O público tem o direito de saber que papel os agentes do governo podem ter desempenhado na censura de informações e induzido, mal ou bem, alguns eleitores.

As mídias sociais, especialmente o Twitter, têm a capacidade de influenciar o resultado de eleições. Donald Trump entendeu isso e fez uso dessa ferramenta relativamente nova durante suas campanhas e sua presidência. Há um debate intenso sobre se o governo tem algum poder sob a Primeira

Emenda para regular essas ferramentas poderosas. Não há discussão razoável sobre se os agentes do governo devem ter o poder de manipular essas ferramentas para obter vantagens partidárias. Não deveriam fazê-lo, especialmente se exercerem esse poder de forma sub-reptícia e sem transparência.

O perigo real para a democracia, o Estado de Direito e o mercado de ideias é este: funcionários do governo manipulando secretamente a mídia privada para atingir objetivos partidários por meio de censura fora da proteção da Primeira Emenda. Se foi isso o que ocorreu no incidente envolvendo a censura feita pelo Twitter da reportagem do *New York Post* sobre o laptop de Hunter Biden na véspera de uma eleição nacional, isso implica claramente na aplicação da Primeira Emenda. O governo não pode fazer secretamente o que não poderia fazer abertamente, tampouco pode usar uma empresa privada para burlar sua obrigação constitucional de não censurar.

Então, vamos obter todos os fatos que cercam a decisão do Twitter de censurar as reportagens do *New York Post* sobre o laptop de Hunter Biden. Vamos saber quem são esses "atores conectados". E, se forem funcionários do governo que pressionaram o Twitter para censurar uma história que poderia ter mudado o resultado de qualquer eleição ou influenciado a opinião pública contra outros funcionários públicos, eles devem ser responsabilizados.

A Suspensão do Twitter a Kanye West Viola Suas Próprias Políticas

A decisão do Twitter de banir Kanye West levanta questões interessantes sobre a liberdade de expressão. Uma vez que tanto o Twitter quanto West são cidadãos privados, a Primeira Emenda não está diretamente implicada, mas seu espírito não pode ser ignorado.

Vamos começar com um fato indiscutível: Ye (ex-Kanye West) é um antissemita virulento que pediu *death con 3* contra o povo judeu. Ele também fez outras declarações antissemitas.

A imagem que o baniu justapõe a Estrela de David, um símbolo do judaísmo por milênios, com a suástica nazista, o símbolo do assassinato de seis milhões de judeus por Hitler. West afirma que essa justaposição é um sinal de amor, e não um sinal de ódio.

Mas o discurso de ódio, protegido pela Primeira Emenda, também parece ser permitido pelas novas políticas anticensura de Elon Musk, no Twitter. Essas políticas não permitem o controle com base em ofensividade ou desacordo, mas proíbem os usuários de incitar a violência.

Portanto, a questão é se West está ou não incitando a violência em violar os padrões do Twitter. Eu não acredito que ele esteja. Incitação tem um significado específico. Geralmente requer comunicação oral incitando violência iminente. Raramente cobre a palavra escrita, e não conheço nenhum caso em que abranja símbolos como a suástica imposta à estrela judaica.

Então, se o Twitter fosse o governo, seria inconstitucional proibir a suástica e o símbolo da estrela judaica, por mais desprezível e odioso que seja. Mas, como o Twitter não é o governo, ele tem uma margem de manobra considerável para decidir quem terá acesso à sua plataforma. Também há abertura no que constitui incitação, mas acho que Musk está errado ao classificar a detestável justaposição como incitação.

Além dos fatos específicos dessa ação e reação preocupantes, a decisão traz à tona uma disputa latente sobre o papel das empresas gigantes de mídia social, como Twitter, Facebook e YouTube, na regulamentação de comunicações que são ofensivas e, às vezes, perigosas.

Há quem afirme que essas gigantes da mídia devem ser vistas como semigovernamentais e, portanto, sujeitas a algumas restrições em sua capacidade de censura. Eles as comparam a "transportadores comuns", como trens e ônibus, que, embora de propriedade privada, estão sujeitos à regulamentação estatal. Mas esses portadores comuns não estão envolvidos na disseminação da fala.

Uma analogia mais próxima seria o telégrafo e as companhias telefônicas. Mas estes também são diferentes da mídia moderna. O telefone e o telégrafo envolvem comunicações privadas entre indivíduos. A mídia social envolve comunicações públicas que são acessadas por milhões de espectadores e leitores.

Qualquer tentativa por parte do governo de regulamentar a mídia social envolveria diretamente a Primeira Emenda. Essas empresas privadas têm seus próprios direitos para decidir o que publicar e o que censurar. Quando o *Miami Herald* se recusou a publicar uma carta ao editor de uma figura pública que havia sido criticada injustamente, a Suprema Corte decidiu que a Primeira Emenda impedia o governo de exigir que um jornal publicasse uma carta ao editor. Mais uma vez, os jornais, que estavam amplamente disponíveis quando a Declaração de Direitos americana foi ratificada, estão significativamente diferentes das mídias sociais atuais.

As atuais entidades, no entanto, se beneficiam da ação do governo. O Congresso promulgou uma lei protegendo-as de várias responsabilidades legais às quais os jornais estão sujeitos. Isso faz sentido, porque os itens postados nas mídias sociais são automáticos e imediatos. As empresas de mídia social, em geral, não têm a capacidade de impedir a postagem em tempo real, embora possam derrubá-las assim que tomarem conhecimento de seu conteúdo. Os jornais, por outro lado, não publicam nada, a menos que o editor aprove com antecedência.

O fato de as mídias sociais terem recebido privilégios especiais pela legislação as diferencia dos jornais e até mesmo das estações de televisão convencionais. Mas esses privilégios parecem insuficientes para capacitar o governo a impor a censura.

As questões levantadas pela decisão do Twitter de banir Kanye West são algumas das mais complexas e difíceis em relação à liberdade de expressão. Não há uma resposta perfeita para a questão de saber se as empresas gigantes de mídia social que hoje controlam tanta comunicação devem estar sujeitas a qualquer regulamentação governamental.

Para os que entendem que a lei deve ser analisada com base no seu espírito original, é impossível saber com certeza o que Jefferson e Madison teriam dito sobre a alegação das empresas de mídia de que elas têm o direito de censurar o discurso com base em seus direitos da Primeira Emenda. Mesmo os defensores de uma Constituição viva também não podem fornecer uma única resposta correta a essa questão. É um trabalho em andamento que pode ser influenciado por como essas empresas de mídia empregam seu poder a fim de decidir o que será comunicado e o que será banido.

Elon Musk prometeu uma abordagem mais permissiva para o Twitter do que as adotadas pelo Facebook e YouTube. No entanto, ele também sentiu a necessidade de censurar o discurso de ódio, alegando que constituía incitação. Embora eu ache a justaposição feita por West da Estrela de David e da suástica desprezível, não acredito que deveria ter sido censurada pelo Twitter como incitamento.

Clubes de Berkeley Proíbem Palestrantes Sionistas

Quatorze clubes oficialmente patrocinados pela Escola de Direito da Universidade da Califórnia em Berkeley têm "zonas livres de sionistas" que, segundo alguns, lembram as placas do início do século XX que supostamente diziam: "*Não são permitidos judeus ou cães*". Esses clubes estão apenas exercendo seu direito da Primeira Emenda ao banir todos os oradores sionistas e *somente* os oradores sionistas? Essa é a questão que está perturbando não apenas o campus da instituição, mas também os campi em todo o país que veem a resposta abrindo um precedente para eles.

Comecemos pelos fatos incontestáveis.

Quatorze clubes alteraram seus estatutos a fim de vetar todos os oradores sionistas, mesmo que eles também apoiem os direitos palestinos e outras causas progressistas e mesmo que pretendam falar sobre um assunto não relacionado a Israel. Se são sionistas, não são bem-vindos nesses clubes para falar sobre nada!

A justificativa alegada para essa proibição radical dos sionistas – pessoas que acreditam que Israel tem o direito de existir – é proteger a segurança e o bem-estar dos estudantes palestinos. Isso é um absurdo evidente. Nenhum aluno foi fisicamente ameaçado por sionistas e nenhum aluno tem o direito de ser protegido de ideias.

Esses clubes incluem a Berkeley Law Muslim Student Association, Middle Eastern and North African Law Students Association, Women of Color Collective, Asian Pacific American Law Students Association, Queer Caucus, Community Defense Project, Women of Berkeley Law, and Law Students of African Descent.

Em outras palavras, até mesmo muçulmanos, gays, feministas e apoiadores de causas progressistas parecem ser excluídos se também acreditarem que Israel tem o direito de existir. Ao excluir TODOS os sionistas, a proibição parece cobrir os judeus que favoreçam uma solução de dois Estados, um retorno às linhas de 1967 e um direito de retorno para todos os palestinos.

Esses clubes estão engajados em uma combinação de stalinismo, no sentido de que não permitem pontos de vista divergentes de sua doutrina "politicamente correta" de "nada de Israel"; e antissemitismo, no sentido de que, entre todas as nações do mundo que estão envolvidas em controvérsias – Rússia, Irã, China, Bielorrússia, para citar alguns –, escolheram banir apenas o Estado-nação do povo judeu.

Imagine se um clube universitário excluísse todos os palestrantes que apoiam o Black Lives Matter? A proibição feita pelos alunos de Berkeley é ainda pior porque parece banir todos os oradores sionistas, independentemente de suas opiniões, de organizações que nada têm a ver com Israel. Uma feminista judia não poderia falar com as mulheres da Berkeley sobre o aborto se descobrissem que ela é sionista. Isso é intolerância pura.

A Universidade da Califórnia é uma instituição pública. Se, de alguma forma, ela apoia essas organizações, financeiramente ou permitindo que tenham escritórios no campus, então é efetivamente o Estado da Califórnia que está decretando e aplicando essas proibições. Trata-se de ação do Poder Público e, portanto, regida pela Primeira Emenda. A questão é qual caminho a Primeira Emenda veta. O direito de excluir todos os oradores que são sionistas? Ou proíbe os agentes de exigir que todos os oradores neguem o sionismo como condição para exercer seu direito constitucional de falar? E quanto aos direitos de seus possíveis membros da audiência de ouvi-los? As respostas também podem prejudicar o financiamento federal para a universidade.

Clubes e universidades geralmente têm o direito de escolher seus palestrantes, mas há uma grande diferença entre decidir individualmente quem falará e tomar uma decisão coletiva banindo todas as pessoas de uma determinada ideologia, religião ou raça. Isso é particularmente verdade quando a ideologia serve de máscara para o antissemitismo. Nem todos os judeus são sionistas. Nem todos apoiam Israel. Muitos, inclusive eu, discordam de algumas das políticas israelenses, assim como também discordo de algumas políticas de todos os países, inclusive dos Estados Unidos. Nem todos os afro-americanos apoiam o Black Lives Matter, mas há número suficiente para que eventual proibição constitua discriminação racial, assim como a proibição de todos os sionistas constitui antissemitismo.

Esses clubes estão efetivamente banindo a maioria dos judeus. O reitor da Escola de Direito da UC Berkeley implicitamente destacou esse ponto quando disse que 90% dos judeus de Berkeley, incluindo ele, seriam excluídos por tal política. Isso é discriminação pura e simples. O reitor também disse que disciplinaria qualquer clube que realmente discriminasse por motivos religiosos ou de "ponto de vista". Eu me ofereço para apresentar o caso de Israel e o do casamento gay em qualquer um ou em todos esses clubes. Será interessante ver se eles me excluem – um sionista judeu orgulhoso, embora, às vezes, crítico.

Embora a proibição atual seja apenas para palestrantes, sua "lógica" – proteger a segurança dos estudantes palestinos – se estenderia à associação, até mesmo à presença, nesses clubes.

O reitor também disse que a política da escola proíbe a discriminação na afiliação com base na religião ou ponto de vista. Isso parece entrar em conflito com a justificativa de "segurança" para a proibição.

O banimento é, infelizmente, semelhante ao "juramento de lealdade" imposto pelos macarthistas na década de 1950 e contestado por progressistas e libertários civis da época. Também os atuais devem se opor fortemente a esses testes ideológicos. Mas por virem da esquerda interseccionalista, muitos se calam, outros são cúmplices.

Parabéns ao reitor por condenar essa intolerância, mesmo enquanto defende seu direito constitucional de praticá-lo. Ofereci-me para debater publicamente ou discutir nossas diferentes visões a respeito de como a Primeira Emenda afeta essa proibição.

As universidades têm o dever educacional e moral de promover o diálogo e o aprendizado, não a proibição e a censura. Essas instituições têm a obrigação constitucional de proibir a discriminação religiosa e étnica. Berkeley está falhando em ambos os testes.

A questão permanece: a falha deles é protegida ou proibida pela Primeira Emenda?

O *Jewish Democratic Council* É Realmente Judeu – ou Apenas Democrata?

Enquanto o presidente Joe Biden voltava de sua produtiva viagem ao Oriente Médio, o Jewish Democratic Council estava realizando uma arrecadação de fundos em Martha's Vineyard para apoiar os candidatos democratas nas eleições de meio de mandato de 2022 e eleger um presidente do partido em 2024. O ex-presidente Bill Clinton e a ex-senadora Hillary Clinton foram os convidados de honra e palestrantes, sugerindo assim que essa organização pretende representar os democratas judeus tradicionais.

Mas não é o que acontece. Ela representa a ala de esquerda do Partido Democrata. Certamente não representa os principais eleitores judeus que se preocupam com Israel e com a crescente ameaça do antissemitismo.

Nesse chamado evento "judaico", não houve discussão sobre Israel, ou sobre a ameaça existencial que o país enfrenta à medida que o Irã se aproxima de construir um arsenal nuclear. Tampouco houve qualquer discussão sobre o crescente antissemitismo dentro da chamada ala "progressista" do partido, ou sobre o apoio decrescente a Israel entre alguns mais jovens e entre alguns titulares de cargos. Nem uma única palavra sobre questões de profunda preocupação para a maioria dos judeus americanos!

O colunista do The New York Times, Tom Friedman, previu recentemente que Biden pode ser o último presidenciável democrata pró-Israel. Entre os que estão sendo considerados para substituí-lo em 2024 ou 2028, vários são estridentemente anti-Israel e alguns são mornos. Os atuais membros democratas da Câmara incluem aqueles que erroneamente consideram Israel um Estado de apartheid semelhante à África do Sul até 1993, e outros que cortariam a assistência militar ao Estado-nação do povo judeu. Alguns senadores democratas são hipercríticos em relação a Israel e querem ver uma reavaliação da política dos Estados Unidos em relação ao seu mais forte aliado no Oriente Médio.

Se eu tivesse participado do evento em Martha's Vineyard, teria expressado minha preocupação com o crescente abandono de Israel pela ala de esquerda do Partido Democrata. Mas eles obviamente não querem ouvir a perspectiva deste democrata judeu, porque a organização está mais unida em torno de questões de política social – aborto, controle de armas, meio ambiente e a Suprema Corte – do que sobre Israel.

Duas pessoas que compareceram ao evento me disseram que a palavra "Israel" jamais foi mencionada, embora a recente visita de Biden ao país tenha sido manchete. A omissão foi confirmada pelo próprio site da entidade.

É difícil imaginar qualquer outra etnia ou grupo de democratas – negros, árabes, gays – que sequer mencionasse as questões de interesse direto desse grupo em uma grande arrecadação de fundos. Por que os democratas judeus são diferentes?

Essa organização, o Jewish Democratic Council, foi nomeada incorretamente. Ela recruta membros e solicita dinheiro com base em propaganda enganosa. Ela se promove como se fosse composta por judeus pró-Israel. Mas a realidade é que sua liderança consiste principalmente de progressistas que, por acaso, são judeus. Para eles, Israel, Irã e o antissemitismo são questões periféricas. Isso é cada vez mais verdadeiro para muitos eleitores judeus que priorizam outras preocupações sobre Israel, sobre a crescente ameaça de antissemitismo da extrema esquerda e da extrema direita, e sobre outras questões que afetam diretamente o povo judeu.

Eu balanço a cabeça, frustrado, tendo em vista que tantos democratas judeus de esquerda estão dispostos a abandonar Israel e a continuar a votar cegamente no Partido Democrata de seus avós, sem exigir que ele marginalize seus extremistas anti-Israel. Entendo a relutância de alguns judeus tradicionais em votar em republicanos que se opõem às políticas sociais liberais. Eu compartilho dessa relutância. Daí minha frustração.

Mais e mais judeus estão expressando essa frustração votando em candidatos que apoiam Israel sem levar em consideração sua identificação partidária. Parafraseando o ex-presidente Ronald Reagan: eles não acreditam que deixaram o Partido Democrata; eles acreditam que o Partido Democrata está deixando os milhões de judeus que pensam mais como republicanos moderados como Mitt Romney do que como democratas radicais como Bernie Sanders.

Muitos, como eu, continuarão votando e contribuindo com os candidatos que consideramos os melhores (ou os piores) para o país, para o mundo e para Israel. Esperamos que esses candidatos sejam democratas. Mas, se não forem, então votaremos em seus oponentes. Não temos lealdade ao atual Partido Democrata, assim como muitos de seus membros mais proeminentes parecem não ter lealdade a tantos de seus apoiadores judeus. Com certeza, não devemos ser leais a organizações como o Jewish Democratic Council, que esconde suas verdadeiras prioridades por trás do rótulo enganoso de "judaico". Não há nada de judaico em sua agenda, que é eleger democratas independentemente de suas opiniões sobre questões de interesse direto da comunidade judaica e de Israel.

Dobbs É o Primeiro Caso a Tirar os Direitos dos Americanos?

O que quer que se possa pensar de Dobbs versus Mississippi, da decisão da Suprema Corte anulando Roe versus Wade, alguns críticos exageraram sua singularidade ao tirar dos americanos seus direitos preexistentes. O professor Laurence Tribe informou mal seus leitores quando disse o seguinte:

> Sexta-feira foi um dia singular em nossa História: o primeiro dia na memória viva em que os americanos foram para a cama com menos direitos inalienáveis do que tinham quando acordaram. Não apenas na memória viva. Sempre.

Tragicamente, houve dezenas de casos ao longo da História em que os americanos tiveram seus direitos mais fundamentais retirados. A memória histórica de Tribe está cega por seu partidarismo. Vamos ver os fatos.

A Lei de Estrangeiros e Sedição retirou o direito de se fazer críticas às autoridades eleitas, o qual havia sido concedido apenas alguns anos antes pela Primeira Emenda. O caso de Dred Scott negou aos negros americanos o direito à cidadania e até mesmo à personalidade. Vários casos, durante esse mesmo período, negaram aos nativo-americanos seus direitos fundamentais. Buck versus Bell autorizou a esterilização de cidadãos supostamente inaptos, retirando assim seus direitos reprodutivos. Em Korematsu versus EUA, mais de 100 mil cidadãos americanos de etnia japonesa tiveram negado o direito de serem livres. Em vários casos, durante o período McCarthy, foi negado aos americanos o direito de pertencer ao Partido Comunista. Em Bowers versus Hardwick, gays e lésbicas americanos tiveram negado o direito à liberdade sexual. Os réus capitais tiveram negado o direito à vida quando a Suprema Corte basicamente reverteu sua decisão que proibia a pena capital. No início do século XX, foi negado a muitos americanos o direito de se unirem a suas famílias quando leis de imigração racistas foram promulgadas, limitando o número de minorias étnicas que podiam se tornar cidadãs.

Além desses direitos, a maioria dos quais hoje são reconhecidos, para muitos americanos, ao longo dos anos foram negados outros que alguns consideravam fundamentais, como rezar nas escolas, praticar a poligamia (no caso dos mórmons), de propriedade no início do período conhecido como New Deal (1933–1937), e o de viajar livremente e não usar máscaras durante a pandemia de covid-19. O Decreto de Controle de Crimes Violentos e Aplicação da Lei de 1994 limitou severamente o direito dos réus ao habeas corpus. E agora, muitos, incluindo o próprio Tribe, reduziriam consideravelmente o que outros acreditam ser um direito da Segunda Emenda (manter e portar armas).

A declaração geral de Tribe de que nunca na História os americanos foram para a cama com menos direitos do que quando acordaram não é apenas histórica e constitucionalmente ignorante, mas também extremamente insensível aos afro-americanos, nativo-americanos, doentes mentais, nipo-americanos e outros grupos marginalizados aos quais foram negados os direitos mais elementares ao longo dos anos.

A verdade, que Tribe nega, no interesse de sua narrativa partidária, é que o pêndulo dos direitos oscilou amplamente ao longo da História. Mesmo que Martin Luther King Jr. estivesse correto quando disse: "*O arco do universo moral é longo, mas se inclina para a justiça*", esse arco nem sempre apontou na direção dos direitos ou da justiça. Em uma democracia com um complexo sistema de separação de poderes, freios e contrapesos e federalismo, sempre haverá idas e vindas em relação aos direitos. Como disse Roger Baldwin, fundador da American Civil Liberties Union: "*A luta pela liberdade nunca está vencida*". O mesmo acontece com a eterna luta por direitos. Tribe parece tomar como certo que seus direitos preferidos são um fato óbvio em constante expansão.

Ele está errado. Não devemos presumir que, uma vez reconhecidos, nunca serão retirados. Devemos persistir em lutar para preservá-los, por meio dos tribunais, legislativos, executivos, emendas constitucionais, opinião pública e outros meios legais.

Ninguém se beneficia da história falsa e ideológica do tipo que Tribe e sua turma tentam vender em reação a essa decisão injusta. Falsidades não nos libertarão. Somente o trabalho árduo, baseado na verdade, curvará o arco em direção à justiça.

Memorando de Garland sobre Protestos de Pais Pode Arrefecer a Liberdade de Expressão

O procurador-geral Merrick Garland divulgou recentemente um memorando abordando "*um aumento preocupante de assédio, intimidação e ameaças de violência contra administradores escolares, membros do conselho, professores e funcionários [...]*". As palavras reais do memorando – os versos – parecem apropriadas à primeira vista, mas a música é discordante da Primeira Emenda.

O memorando reconhece que "*o debate vigoroso sobre questões políticas é protegido pela Constituição*". Em seguida, orienta o FBI a criar estratégias para lidar com ameaças ilegais contra esses funcionários públicos. Nada de errado com isso. Mas nenhum memorando semelhante foi dirigido contra o Black Lives Matter e outros grupos de extrema esquerda que não apenas ameaçam usar de violência contra funcionários públicos e cidadãos privados, mas também se envolvem em uma quantidade considerável de conduta criminosa, como incêndio intencional e destruição de propriedade. Alguns manifestantes intimidaram e ameaçaram pessoas que discordam deles. Embora nenhuma menção específica tenha sido feita aos protestos dos pais contra o ensino da teoria racial crítica e conteúdo ideológico semelhante para crianças em idade escolar, ou contra os requisitos obrigatórios de uso de máscaras, fica claro pelo contexto e pelo momento que esses são os protestos que geraram esse memorando.

Como consequência desse momento, contexto e aparente falta de preocupação com os protestos do tipo Black Lives Matter, muitos pais estão compreensivelmente preocupados com o fato de o Departamento de Justiça estar envolvido em investigações seletivas e, em última instância, em processos seletivos. Mais uma vez, a ausência de certos registros torna compreensíveis as preocupações expressas pelos pais que estão se manifestando.

Ao lidar com protestos, o Departamento de Justiça deve deixar claro que a Primeira Emenda protege totalmente todas as formas de protesto, incluindo os estridentes e desagradáveis, e que ameaças generalizadas e intimidação não violenta não transpõem essa proteção constitucional. Os manifestantes devem especificamente ser uma ameaça de violência imediata contra indivíduos determinados. A

Suprema Corte manteve a defesa vaga e generalizada da violência protegida pela Primeira Emenda.

O memorando Garland falha em traçar a linha apropriada da Primeira Emenda e sugere que o FBI e outras agências de aplicação da lei podem investigar adequadamente e "desencorajar" ameaças generalizadas e "esforços para intimidar" funcionários públicos. Enquanto a Primeira Emenda erra quando protege tais protestos equivocados, o memorando Garland erra quanto a investigá-los e a possivelmente processá-los.

O aspecto mais angustiante desse documento é seu aparente foco nas atividades de direita, em oposição às igualmente perigosas atividades de esquerda. O Estado de Direito deve sempre passar no "teste do sapato no outro pé". Ele deve deixar claro que o Departamento de Justiça não faz distinção entre o que considera "boas" atividades e "más", com base em preferências políticas.

Antigamente, era possível contar com a American Civil Liberties Union para expressar a preocupação de que memorandos desse tipo pudessem "desencorajar" ou determinar mais do que atividades ilegais, mas também arrefecessem as protegidas constitucionalmente, já que ninguém quer ser investigado pelo FBI. No passado, a ACLU protegia vigorosamente os direitos dos membros da Ku Klux Klan, dos nazistas e de outros bandidos de direita dos quais discordavam fundamentalmente. Ela se preocupava com o efeito assustador que as ameaças do governo poderiam ter sobre protestos marginalmente legítimos, como aqueles protegidos pelo caso Brandenburg versus Ohio em 1969, no qual neonazistas ameaçaram usar de violência generalizada. Essas preocupações parecem ter sido subordinadas a considerações partidárias e ideológicas.

Eu gosto de Merrick Garland. Apoiei sua nomeação para a Suprema Corte e acho que ele foi uma boa escolha para procurador-geral. É com esse espírito que eu o convoco a esclarecer seu memorando em dois aspectos: (1) deixando claro que a aplicação da lei não investigará ou processará protestos ruidosos que se enquadram no lado protegido da linha constitucional; e (2) que a quaisquer padrões que o cumprimento da lei se aplique, eles devem ser usados igualmente aos protestos de agitadores de esquerda.

Estou pronto para defender os direitos dos protestos constitucionalmente protegidos, independentemente da ideologia por trás deles. Eu pessoalmente aprovo os mandatos de uso de máscaras, com exceções apropriadas, porque eles podem ajudar a prevenir a propagação de um vírus altamente contagioso (veja meu novo livro *The Case for Vaccine Mandates* ["O Caso de Vacinação Obrigatória", em tradução livre]). Eu desaprovo o uso da cartilha de "estudos jurídicos críticos" para ensinar alunos cativos, justamente porque não é crítico ou objetivo. Tende a ser propaganda em vez de educação. Mas defenderei com igual vigor os protestos contra ambos os pontos de vista. A Primeira Emenda não distingue entre os protegidos e os não protegidos com base no conteúdo; o Departamento de Justiça também não deveria fazê-lo.

Como a Mídia Social Valida o Antissemitismo ao Censurar Tudo Menos o Antissemitismo

As plataformas de rede social estão envolvidas em uma censura maciça de assuntos relacionados à suposta fraude eleitoral, dúvidas sobre remédios, vacinação, qualquer coisa do ex-presidente Donald J. Trump, críticas ao Black Lives Matter, dúvidas sobre transgêneros, mudança climática, discurso de ódio e outros tuítes e posts supostamente politicamente incorretos. Ao mesmo tempo, é temporada de caça ao antissemitismo, o antissionismo e o duplo padrão em relação aos assuntos judaicos.

Essa combinação – censurar muitas atitudes, mas não o antissemitismo – envia uma mensagem assustadora: se algumas coisas são censuradas porque não são verdadeiras, então os itens que não são censurados devem ter passado em algum teste de veracidade. Assim, a *hashtag* #HitlerWasRight, postada milhares de vezes nas redes sociais, deve ser verdadeira. O mesmo se aplica aos milhares de tuítes e postagens que afirmam que Israel é um Estado nazista genocida que deliberadamente mata crianças. Essas postagens antissemitas também devem atender aos "padrões da comunidade" das várias mídias sociais. Esse é um grande problema da censura seletiva. Quando você não censura nada, não valida nada. Quando você censura algumas coisas, valida implicitamente o que não censura.

Um exemplo da História demonstrará os perigos da censura seletiva. Antigamente, enquanto a União Soviética decidia o que podia e o que não podia ser lido, ela encarregou uma organização chamada *Glavlit* de decidir o politicamente correto – as pessoas, muitas vezes, esquecem que esse conceito foi inventado pela União Soviética de Stálin.

Eu estava na Europa debatendo com um advogado soviético sobre antissemitismo. Apresentei ao público ilustrações de material antissemita publicado na União Soviética. Meu oponente me superou: apresentou uma publicação neonazista veiculada nos Estados Unidos, o que era muito pior. Ele parecia satisfeito com sua superioridade. A seguir, mostrei a publicação da União Soviética e pedi-lhe que lesse o que dizia no final. Ele entendeu o que eu estava pedindo e se recusou a fazê-lo. Então, li em voz alta: "*Aprovado por* Glavlit". Então li o que estava no final do que foi distribuído nos Estados Unidos. Dizia: "*Publicado pelo Partido Nazista dos EUA*".

A plateia entendeu. Eu ganhei o debate. Nos Estados Unidos, nenhuma agência governamental censura ou aprova o que é publicado. Apenas o Partido Nazista foi responsável pelo ódio que disseminou. Já na União Soviética, o próprio governo era responsável pelo material antissemita publicado. Uma grande diferença.

O mesmo está rapidamente se tornando realidade nas mídias sociais. Quando eram plataformas que permitiam tudo menos material ilegal, nada publicado poderia ser atribuído a elas. É por isso que se beneficiaram da Seção 230, que as isenta de processos por difamação; ninguém pode ser responsabilizado por difamação se não controla o que é publicado em seu veículo. Agora, no entanto, que as empresas de mídia social decidiram se tornar o *Glavlit,* e publicar apenas o que for supostamente verdadeiro e aprovado pelos padrões da comunidade, se tornaram mais parecidas com a antiga União Soviética do que com os Estados Unidos, sob a ótica da Primeira Emenda.

Essa não é uma chamada para censurar tuítes antissemitas. É um apelo para que as empresas de mídia social parem de excluir outros discursos com base no critério de suposta veracidade, "padrões da comunidade" e outros questionáveis sujeitos a vieses políticos, ideológicos e afins. Não quero censura, a não ser para o que já é proibido por lei. Mas, se as empresas de mídia social continuarem a praticá-la, devem aplicar um único padrão para tudo. Elas não podem permitir o antissemitismo e as falsas alegações contra o Estado-nação do povo judeu enquanto censuram outras supostas "meias-verdades". Se o fizerem, serão responsáveis por promover sua própria grande mentira: que tudo o que elas não censuram deve ser verdade. Esse é o dilema do censor benevolente. As redes sociais atuais têm o pior dos dois mundos: censuram material que não é perigoso nem necessariamente falso; e então permitem a veiculação do que é altamente perigoso e comprovadamente falso.

O Novo Macarthismo Chega à Escola de Direito de Harvard

Uma petição recente, assinada por centenas de alunos e ex-alunos da Escola de Direito de Harvard, levanta o espectro do novo macarthismo chegando à faculdade na qual ensinei por meio século. A petição declara que *"a Escola de Direito de Harvard enfrenta a escolha se devem acolher os arquitetos e apoiadores dos piores abusos do governo Trump de volta à sociedade educada"*. Ela exige que a Universidade não *"contrate ou se afilie a"* nenhum desses pecadores e ameaça, dizendo que *"se o fizer, a escola será cúmplice se futuros ataques à democracia americana forem ainda mais violentos, e mais bem-sucedidos"*.

A petição vê esse banimento como parte da missão educacional e de contratação da Escola: *"também ensinaria aos estudantes ambiciosos de todas as idades que tentar subverter o processo democrático"* lhes negaria o acesso à *"porta giratória para o sucesso e o prestígio"*. Essa defesa egoísta da censura pretende transmitir uma ameaça econômica grosseira: se você quiser conseguir um bom emprego depois da faculdade de Direito, certifique-se de que Harvard proíba professores e palestrantes que estão tentando *"reabilitar suas reputações e obscurecer a mancha de sua cumplicidade na administração Trump [...]"*.

Isso é semelhante à mensagem que os macarthistas originais tentaram fazer com que Harvard transmitisse na década de 1950, quando foi negado aos alunos o cargo de editor da *Law Review*, recomendações de escritório e outras oportunidades que haviam conquistado por causa de sua alegada afiliação ao comunismo e a outras causas de esquerda. Alguém poderia pensar que os atuais alunos da Escola de Direito de Harvard estariam familiarizados com a sórdida história do macarthismo que infectou muitas universidades americanas, incluindo a Brooklyn College, que frequentei como estudante de graduação e onde lutei contra a negação de liberdades civis a supostos comunistas.

Alguém também poderia pensar que os signatários estariam cientes de que, se esses critérios vagos – antidemocráticos, racistas, xenófobos e imorais – fossem aplicados de modo geral, resultariam no banimento de qualquer pessoa associada aos atuais regimes na China, Cuba, Turquia, Belarus, Rússia, Venezuela, Autoridade Palestina e outros governos repressivos. Também se aplica aos apoiadores de grupos americanos antidemocráticos e antiliberdade de expressão, como o Antifa, e a própria organização – People's Parity Project – que está promovendo essa petição antiliberdade de expressão. De fato, historicamente, a repressão e a censura têm sido dirigidas principalmente contra a esquerda. Ainda hoje, o governo francês expressa preocupação com o impacto das influências "islâmicas de esquerda" das universidades americanas.

A petição da Escola de Direito de Harvard é dirigida apenas aos apoiadores de Trump, não àqueles inclinados à repressão antidemocrática de esquerda, aqui ou no exterior. Baseia-se na suposição de que existe uma "exceção Trump" especial à liberdade de expressão e ao devido processo legal. Mas exceções à liberdade de expressão e à liberdade acadêmica para alguns correm o risco de se tornar a regra para todos.

"Liberdade de expressão para mim, mas não para ti" não é um princípio defensável. Hoje é o mantra dos novos censores, que exigem a destituição e cancelamento de palestrantes, professores e escritores que discordam de seu fanatismo anti-Trump. O apetite voraz do censor, porém, raramente é saciado. Alguns agora estão tentando silenciar os defensores da Constituição, como eu, que se opuseram à maioria das políticas de Trump, mas também o fizeram ao que acreditamos serem esforços inconstitucionais para impeachment dele. Quando um grupo de alunos da Escola de Direito de Harvard me convidou para falar, o evento teve que ser transferido para fora do campus devido a ameaças de eu ser vaiado e silenciado.

Grande parte desse esforço para excluir os apoiadores de Trump dos campi vem de indivíduos e organizações que também exigem mais "diversidade". Mas sua definição de diversidade é limitada à raça, gênero, orientação sexual e etnia. Não se estende à missão central das universidades: ouvir e aprender com a mais ampla gama de pontos de vista, perspectivas, ideologias e preferências políticas.

Os alunos de hoje devem dar as boas-vindas aos apoiadores de Trump e desafiá-los, com respeito, civilidade e mente aberta. Eles devem estar dispostos a ouvir pontos de vista diametralmente opostos à sua própria moralidade e política, as quais lhes são profundamente caras. Muitos desses palestrantes cancelados expressariam pontos de vista aceitos por dezenas de milhões de eleitores americanos. Aqueles de nós que discordam dessas opiniões devem se sentir confiantes de que elas serão corretamente rejeitadas no mercado aberto de ideias, como foram nas eleições de 2020. Nenhuma universidade ou faculdade de Direito deveria fechar esse mercado, como o antigo macarthismo fez e como esse novo macarthismo está tentando fazer agora. Não há lugar para censura seletiva com base em afiliações políticas na Escola de Direito de Harvard ou em qualquer instituição de ensino superior, quer recebam ou não financiamento federal, mas especialmente se receberem.

Essa petição contra as liberdades civis deve ser rejeitada no mercado de ideias por todos os alunos, professores e administradores que valorizam a diversidade de opiniões dentro e fora da sala de aula.

O Indivíduo ou a Constituição?
Falsamente Acusando McConnell de Inconsistência

A CNN e outras mídias de esquerda ficaram furiosas depois que o senador Mitch McConnell fez seu discurso explicando por que votou para absolver Donald Trump, apesar de acreditar que o ex-presidente havia se envolvido em comportamento impróprio. Eles acusaram o parlamentar de hipocrisia e inconsistência – argumentando que, se ele acreditasse que Trump havia agido mal, era obrigado a votar pela condenação. Mas a CNN e os outros meios de comunicação falharam em entender a distinção entre "defender a Constituição" e "defender o indivíduo".

McConnell ensinou ao povo americano uma lição cívica ao explicar que o Senado não tinha autoridade constitucional para levar um ex-presidente a julgamento, mesmo aquele que havia sofrido impeachment enquanto ainda no cargo. Ao fazê-lo, ecoou um argumento constitucional que tenho apresentado desde o início desta tomada inconstitucional de poder pelo Congresso, controlado pelos democratas. A linguagem da Constituição é clara: *"O presidente [...] será afastado do cargo por impeachment e condenação por traição, suborno ou outros crimes e contravenções graves".*

O poder constitucional para impedir e destituir não se estende para além das autoridades civis federais que ainda estão no cargo e podem ser destituídas. Como James Madison, o pai da Constituição americana, escreveu no Federalista 39: *"O presidente dos Estados Unidos é passível de impeachment a qualquer momento durante sua permanência no cargo".*

É verdade que, uma vez removidos, os presidentes também podem ser desqualificados, mas não podem sê-lo a menos que removidos primeiro. Os senadores votaram, por maioria, que tinham um poder que a Constituição lhes negava. McConnell e outros parlamentares discordaram, e agiram de acordo com seus pontos de vista divergentes ao votarem pela absolvição. Eles estavam certos em fazê-lo. Foi exatamente o que aconteceu no caso Belknap, citado pelos *House Managers* como precedente.

Os *House Managers* argumentaram em seu documento que o poder de impeachment não se limita às autoridades que permanecem na função, mas pode se estender a qualquer pessoa que ocupou um cargo federal, independentemente de há quantos anos essa pessoa o deixou. Ter votado para condenar o cidadão Trump teria dado ao Congresso uma comissão itinerante para procurar e desqualificar qualquer candidato em potencial que já tenha ocupado, ou até que possa ocupar um posto federal no futuro. McConnell rejeitou corretamente aquela tomada de poder em aberto.

A lição mais importante ensinada por McConnell é que a Constituição protege tanto os bons quanto os maus, os agradáveis e os desagradáveis, republicanos e democratas. Não é preciso concordar com o que fez ou disse em 6 de janeiro para concluir corretamente que o Senado não tinha jurisdição sobre Trump depois que ele deixou o cargo, e que as declarações que ele fez, o que quer que se pense delas, estão totalmente protegidas pela Constituição.

Nos velhos tempos do macarthismo, qualquer um que defendesse os direitos constitucionais dos comunistas acusados era considerado um apoiador do comunismo. Isso estava errado na época, assim como é errado hoje acreditar que todo mundo que defende Trump contra um impeachment inconstitucional necessariamente apoia suas opiniões ou ações. Eu, pelo menos, tenho criticado bastante as ações do ex-presidente em 6 de janeiro, mas defendo fortemente o seu direito de fazer o discurso, embora ache que estava errado ao fazê-lo. Eu também defendo o seu direito de não ser julgado como cidadão comum pelo Senado.

Então, três vivas para Mitch McConnell por tentar educar o público americano sobre essa importante distinção. Nenhum aplauso para a CNN e outras mídias de esquerda por nos trazerem de volta aos dias do macarthismo, quando essas distinções estavam deliberadamente obscurecidas.

Realizar o Impeachment de Biden Agora Seria Inconstitucional

Como previ quando os democratas tentaram a destituição do então presidente Donald Trump por motivos inconstitucionais, os republicanos conservadores estão planejando a mesma jogada inconstitucional agora que assumiram o controle da Câmara dos Deputados. Foi relatado que esforços estão em andamento para iniciar este processo. O republicano Bob Good (Virgínia) anunciou: *"Eu sempre disse que o presidente Biden deveria sofrer impeachment por abrir nossas fronteiras e tornar os americanos menos seguros"*. A extremista Marjorie Taylor Greene (Geórgia) disse, por meio de um porta-voz, que Joe Biden deveria ter sido afastado "assim que assumiu o cargo".

Atualmente, várias resoluções foram arquivadas pedindo o impeachment de Biden por diferentes motivos, nenhum deles constitucional. Agora que os republicanos ganharam o controle da Câmara, é provável que essas e outras resoluções sejam aceitas. Eles também estão planejando o impeachment de vários membros do gabinete, incluindo o procurador-geral Garland, por motivos inconstitucionais.

Esse era o pior pesadelo de Alexander Hamilton: que o poder de impeachment fosse armado pelo partido que controla o poder Legislativo. Aqui está o que o autor escreveu em *O Federalista*:

> [O impeachment] raramente deixará de agitar as paixões de toda a comunidade e de dividi-la em partidos mais ou menos amigáveis ou hostis ao acusado. Em muitos casos, estará conectado com os grupos dissidentes preexistentes e alistará todas as suas animosidades, parcialidades, influências e interesses de um lado ou de outro; e, em tais casos, sempre haverá o grande perigo de que a decisão seja regulada mais pela força comparativa das partes do que pelas demonstrações de inocência ou culpa.

Para evitar esse abuso, os autores limitaram as bases da destituição à traição, suborno ou outros crimes graves e contravenções, não a diferenças políticas ou mesmo alegações de abuso de poder ou má administração. Mas agora os critérios parecem ser: "porque podemos" – porque temos os votos, independentemente dos critérios constitucionais.

Ambas as partes são culpadas e agora estão jogando a mesma moeda. Mas dois erros constitucionais não se traduzem em um acerto constitucional. O impeachment impróprio de Biden não deveria ser usado para vingar os impeachments impróprios de Donald Trump, assim como os impeachments deste não deveriam ter sido usados para vingar o impeachment impróprio de Bill Clinton.

O poder de afastar um presidente foi amplamente debatido na Convenção Constitucional. Alguns argumentaram que não deveria haver tal poder. Outros, que deveria ser amplo e incluir "má administração". James Madison, o pai da Constituição americana, rejeitou ambos os extremos; o último porque não queria que o presidente servisse ao prazer da legislatura. O resultado foi um acordo que permitiria o impeachment apenas para comportamento criminoso semelhante à traição e suborno, dois dos crimes mais graves.

O afastamento compulsório de um presidente foi votado apenas uma vez nos primeiros dois séculos da História dos Estados Unidos. Era considerada uma medida extrema a ser usada apenas em casos de verdadeira criminalidade. Agora tornou-se banalizado por ambos os partidos em seus esforços para obter vantagens políticas temporárias, negligenciando as implicações de longo prazo para a democracia.

Eu me posicionei contra todo esse abuso da Constituição por ambas as partes. Ao fazer isso, fiquei quase sozinho. Na maioria das vezes, os democratas favoreceram o impeachment dos republicanos, e os republicanos favoreceram o dos democratas, sem levar em conta os critérios constitucionais.

Opus-me a todos os esforços para afastamento de presidentes americanos, exceto o de Richard Nixon, que renunciou sob ameaça de destituição. A remoção dele foi solicitada por ambas as partes. Ele renunciou apenas depois que os líderes republicanos lhe disseram que apoiariam seu impeachment e condenação. É assim que deve ser. A destituição de um presidente deve receber apoio bipartidário para não se tornar uma arma política, como vem acontecendo.

Portanto, se Biden sofresse impeachment, eu o defenderia com o mesmo vigor com que defendi Trump. Os republicanos vão me odiar por isso, e os democratas vão aprovar, exatamente o oposto da forma como cada um reagiu à minha defesa constitucional de Trump.

Espero e rezo para que não chegue a esse ponto. Cabeças mais frias entre os líderes republicanos devem prevalecer, como não aconteceu entre os líderes democratas no impeachment de Trump ou entre os líderes republicanos no de Clinton. O modelo adotado deve ser o do afastamento adequado de Richard Nixon por seu extenso envolvimento em atividades criminosas graves. Esse padrão não foi cumprido com Trump, e não é cumprido com Biden.

A Liberdade de Expressão Inclui a Liberdade de Ouvir Opiniões Politicamente Incorretas

Existem dois direitos distintos, mas que se sobrepõem, no direito constitucional à liberdade de expressão. O primeiro é de o orador falar. O segundo, de os cidadãos ouvirem. A segunda pode parecer implícita na primeira, mas há esforços em andamento para negar às pessoas o direito de ouvir opiniões politicamente incorretas expressas por palestrantes controversos.

Considere o empenho de dois membros democratas do Congresso para persuadir os principais provedores de televisão a cabo e por satélite a não veicularem a Fox News ou a Newsmax. Se esses esforços coercitivos fossem bem-sucedidos, as duas ainda teriam permissão para transmitir, mas milhões de telespectadores não teriam o direito de acessá-los em suas televisões.

Ou considere "a cultura de cancelamento", que visa punir os falantes que violaram alguma norma muitas vezes indefinida. Entretanto, não são apenas os oradores "culpados" que são punidos, mas também o público inocente que é privado do direito de ouvir esses oradores apresentarem seus pontos de vista.

Quando o famoso YMHA da 92nd *Street* de Manhattan me cancelou porque fui falsamente acusado de fazer sexo com uma mulher que nunca conheci, as verdadeiras vítimas desse macarthismo moderno foram os membros da plateia que queriam me ouvir falar em um local onde palestrei por mais de um quarto de século. O YMHA admitiu que não acreditou na falsa acusação, mas decidiu que tinha que me cancelar mesmo assim porque "não queria problemas" com o punhado de pessoas que poderia ter protestado contra minha aparição.

E as centenas de pessoas que queriam me ouvir falar sobre Israel, mas não tiveram a oportunidade de fazê-lo? E o direito delas de me ouvir? Os manifestantes também têm seus direitos, de se recusar a me ouvir e de protestar contra minha presença, e isso não é inconsistente com os direitos daqueles que queriam me ouvir falar, tendo essa oportunidade em primeiro lugar.

A distinção entre o direito de falar e o de ouvir pode ser mais bem ilustrada fazendo-se referência a uma situação que está se tornando mais comum na era da covid-19 e do Zoom. Um falante estrangeiro, que não é cidadão americano, não tem seu direito de falar assegurado pela Primeira Emenda. Mas, se ele ou ela for convidado, por um público americano, para dar uma palestra no Zoom, esse público tem o direito de ouvir as palavras ditas por esse locutor de um país estrangeiro. Houve vários desses casos, e defendi o direito do público de ouvir oradores cuja presença física foi proibida.

A cultura do cancelamento afeta diretamente os falantes que estão sendo punidos por seus supostos pecados. Entre os "cancelados" estão alguns dos maiores músicos do mundo, como James Levine e Plácido Domingo. Com ou sem razão, foi-lhes negado o direito de se apresentarem para o público que desejava ouvi-los. Qualquer um pode se recusar a ouvir a música desses artistas, mas e quando aos direitos daqueles que não fizeram nada de errado e querem simplesmente curtir sua música e arte?

Se a cultura do cancelamento deve se tornar uma regra americana, como cada vez mais parece ser o caso, então deve-se alcançar um equilíbrio entre três fatores: o devido processo legal e o direito à liberdade de expressão da pessoa a ser "cancelada", os direitos daqueles que desejam ouvi-la ou vê-la, e os interesses de quem busca o cancelamento.

Esse equilíbrio geralmente deve ser alcançado em favor dos dois primeiros, porque aqueles que buscam o cancelamento têm alternativas viáveis para manifestar seu interesse: eles podem se recusar a ouvir, podem instar outros a se recusarem a ouvir, podem protestar pacificamente contra o orador e podem responder ao orador. O que eles não devem fazer é negar àqueles de nós que discordam da cultura do cancelamento, ou do cancelamento de um orador em particular, o direito de decidir por nós mesmos quem escolhemos ouvir.

Em uma democracia com um mercado de ideias aberto, o direito de ouvir é mais fundamental do que qualquer suposto direito de cancelamento.

O Que Acontecerá Quando a Era Trump Terminar?

A era Donald Trump pode estar terminando, embora isso já tenha sido previsto antes. Seu fim, quando chegar, começaria a curar as fissuras?

Na corrida para a eleição de 2016, o então candidato exacerbou divisões já palpáveis dentro da nação americana. Sua primeira campanha para presidente foi marcada por xingamentos, ataques pessoais e reivindicações exageradas. Ele venceu aquela eleição de forma justa, como previ que aconteceria em agosto de 2016. Não apoiei sua candidatura, tendo feito campanha, doado e votado em Hillary Clinton. Mas aceitei o resultado da votação.

A presidência de Trump foi repleta de controvérsias, como a proibição de imigração de países muçulmanos designados, as políticas na fronteira mexicana, as inconsistências em relação à covid-19 e, por fim, a relutância em aceitar o resultado da eleição de 2020.

Independentemente de quando a era Trump chegará ao fim, isso pode acontecer com ainda mais divisão do que existia quando começou. Ele contribuiu para isso, mas seus inimigos também. Os que o odeiam exigem que todos escolham um lado e passem nos testes de pureza.

Falhei em ambos, recusando-me a abrir mão do meu direito de avaliar o presidente de maneira detalhada. Eu me opus a muitas de suas políticas, mas apoiei fortemente sua abordagem no Oriente Médio. Ajudei ativamente seu governo em seus esforços para alcançar a paz entre Israel e os palestinos, e a normalidade entre Israel e seus vizinhos árabes sunitas. Tendo me oposto ao imprudente acordo nuclear do presidente Barack Obama com o Irã, apoiei a abordagem mais dura de Trump quanto às ambições nucleares de Teerã, bem como quanto à mudança da embaixada dos EUA de Tel Aviv para Jerusalém. Eu havia, sem sucesso, exortado vários presidentes anteriores a fazerem essa mudança. Também apoiei a decisão do governo Trump de reconhecer a anexação das Colinas de Golã por Israel, sujeita à negociação com a Síria em qualquer futuro acordo de paz.

Outra baixa da era Trump foi o processo de seleção judicial, especialmente no que diz respeito à Suprema Corte. As duas primeiras indicações dele para o órgão foram razoáveis, embora não fossem as minhas escolhas. As ameaças raivosas do senador Chuck Schumer contra as indicações, por outro lado, não eram lógicas. A maneira pela qual democratas e progressistas trataram o juiz Brett Kavanaugh foi nada menos do que vergonhosa. Ele acabou sendo confirmado, embora, em grande parte, seguindo as linhas partidárias.

A nomeação final de Amy Coney Barrett, no entanto, expôs a hipocrisia dos líderes republicanos do Senado que se opuseram à nomeação de Merrick Garland pelo presidente Obama oito meses antes da eleição de 2016, alegando que o próximo presidente deveria fazer essa nomeação. Quando o presidente Trump indicou Barrett, menos de dois meses antes da eleição de 2020, os mesmos senadores republicanos apressaram a sua confirmação, apresentando diferenças falsas.

Agora, há apelos para lotar o Tribunal com democratas, e o presidente Biden nomeou uma comissão para examinar todo o processo de indicações judiciais.

Entre as baixas mais sérias e potencialmente duradouras da era Trump/anti-Trump estavam as liberdades de expressão, de imprensa e de reunião. A Primeira Emenda está mais fraca hoje do que quando o ex-presidente assumiu o cargo. Isso é, em grande parte, culpa dos fanáticos contrários a Trump, embora ele mesmo tenha provocado a reação exagerada pela maneira como exerceu sua própria liberdade de expressão. Seus tuítes e outras declarações de mídia social fizeram com que várias plataformas o banissem, além de outros, de cujo discurso elas discordavam. Os excessos levaram organizações e escritores tradicionalmente progressistas a pedirem censura privada, emulando táticas que há muito condenavam como macarthistas. O segundo impeachment de Trump, baseado em um discurso que a maioria dos libertários civis consideraria protegido pela Primeira Emenda se tivesse sido proferido por qualquer outra pessoa, prejudicou a liberdade de expressão, apesar da absolvição final do ex-presidente.

Do ponto de vista das garantias civis, estamos piores hoje do que há quatro anos. A culpa por esse declínio é compartilhada. Trump provocou seus inimigos a reagirem exageradamente contra as liberdades civis. Aqueles que apoiaram seu impeachment tentaram criar uma "exceção Trump" à Primeira Emenda, em resposta à "exceção de janeiro" que eles temiam que seria criada pelo fracasso em impedi-lo por seu discurso incendiário do dia 6.

Chegou a hora não apenas de reunir os americanos, mas de reconstruir amizades despedaçadas e seguir em frente, sem maldade e com caridade para todos. Também chegou a hora de fortalecer as liberdades civis, principalmente os direitos da Primeira Emenda. Agora que Trump não é mais presidente, espero que os libertários civis de conveniência que estavam dispostos a comprometer direitos no interesse de perseguirem Trump caiam em si e entendam que esses direitos constitucionais são mais importantes do que qualquer presidente, e devem durar além de qualquer presidência.

Trump Deve Condenar Ye de Modo Mais Enérgico

Sempre que eu me encontrava com o então presidente Trump, ele me perguntava por que mais judeus não votam nele. Ele enfatizou seu papel na mudança da embaixada para Jerusalém, reconhecendo as Colinas de Golã como parte de Israel e combatendo o antissemitismo nos campi. Expliquei que, embora muitos judeus apreciassem seu papel positivo nessas questões importantes, a maioria dos judeus vota em uma série de questões, incluindo legalização do aborto, direitos dos homossexuais, clima, armas, separação entre igreja, Estado e a Suprema Corte.

Agora eu teria que acrescentar a essa explicação de por que muitos judeus não votarão nele: o recente, e muito público, jantar entre Trump e dois antissemitas declarados, Ye (Kanye West) e Nick Fuentes. Muitos acreditam em sua palavra de que não sabia que Fuentes negava o Holocausto e odiava os judeus. Mas ele não tinha como alegar o desconhecimento das declarações antijudaicas recentes e bastante divulgadas de Ye, especialmente seu assustador apelo pelo *death con 3* contra o povo judeu.

Por que então Trump concordaria em se associar a tal antissemita? Ele mesmo não compartilha do pensamento. Seu histórico com relação aos judeus tem sido muito bom. É verdade que Ye o elogiou no programa de Tucker Carlson, e sabemos que ele aprecia e recompensa os elogios. Mas isso não é desculpa para uma demonstração pública de amizade para com um fanático. Ele poderia ter agradecido em particular. David Duke também o elogiou, assim como a outras pessoas horríveis. Trump nunca seria visto em público com Duke e sua turma. Então, por que Ye é diferente?

Os defensores do ex-presidente apontam que Ye é louco e que seu antissemitismo é produto de sua paranoia doentia. Isso não é desculpa para legitimá-lo, jantando com ele de forma tão pública, especialmente logo após sua ameaça de *death con*.

Agora, Trump não deveria medir esforços para deslegitimar Ye e seus perigosos, mesmo se justificados pela loucura, apelos por *death con 3*, bem como seus boatos antissemitas a respeito do controle judaico sobre os negros, entre outros. Seja louco, fanático ou ambos, Ye tem muitos seguidores nas redes sociais e em outras mídias. Ele deve ser desacreditado no tribunal da opinião pública, especialmente por um ex-presidente que o creditou entre seus próprios milhões de seguidores e admiradores.

Trump deve fazer mais – muito mais – para usar seu púlpito de intimidação a fim de tentar desfazer o terrível dano que causou ao jantar com Ye e Fuentes. Essa não é uma demanda partidária ou do tipo "incrimine-se Trump". Ela vem de judeus e não judeus que o apoiaram, fizeram amizade com ele, votaram nele e o honraram. Seu ex-embaixador em Israel, o primeiro-ministro designado de Israel, o chefe da organização sionista da América e muitos outros amigos o criticaram e pediram que ele fizesse reparações. É preciso que ele o faça de maneira forte, inequívoca, ruidosa, unívoca e imediata. Ele cometeu um erro grave e deveria ser corajoso o suficiente para admiti-lo, mesmo que custe alguns votos entre os seguidores de Ye. Não se trata de votos de judeus ou de outros. É uma questão de princípios básicos e decência.

Em um tempo de crescente antissemitismo tanto da extrema direita quanto da extrema esquerda, bem como de alguns extremistas islâmicos, toda pessoa decente, independente de raça, partido, ideologia ou outras identidades, deve se unir para desacreditar o mais antigo dos preconceitos, que só parece aumentar e se espalhar com o passar do tempo. Trump deve continuar a fazer parte da solução desse antigo problema, em vez de se tornar parte dele. Sua legitimação a Ye pode encorajar outros a imitarem seu fanatismo. Trump agora tem uma responsabilidade especial de deslegitimá-lo entre seus muitos seguidores.

Trump Invoca o Fim das Regras Constitucionais

O ex-presidente Trump afirmou recentemente que a fraude maciça que ele acredita ter ocorrido nas eleições de 2020 *"permite a rescisão de todas as regras [...] mesmo aquelas encontradas na Constituição"*. Essa é uma declaração perigosa e sem precedentes vinda de um ex- e, possivelmente, futuro presidente.

Quando Trump assumiu o cargo em 2017, ele jurou "preservar, proteger e defender a Constituição". Se ele fosse eleito novamente em 2024, seria obrigado, pela Constituição, a prestar o mesmo juramento. Esse juramento não abre exceção para alegações sobre uma eleição injusta ou mesmo fraudulenta. Existem mecanismos para contestar votações sob a Constituição. De fato, ele procurou empregar sua interpretação constitucional quando tentou, sem sucesso, fazer com que o vice-presidente Pence rejeitasse os votos de certos estados. Ele também se envolveu em um discurso constitucionalmente protegido quando falou de maneira imprudente em 6 de janeiro. Agora, ele parece sugerir que seria permitido agir fora da Constituição para contestar sua derrota eleitoral.

Nunca esqueçamos que a única razão pela qual Trump foi eleito presidente em 2016 foi por causa da Carta Magna. Ele perdeu o voto popular por uma maioria considerável, e se tornou presidente apenas porque a própria Constituição que ele viria a minar previa que os presidentes fossem eleitos pelos votos do Colégio Eleitoral, e não pelo voto popular direto. Levar o perigoso argumento de Trump à sua conclusão lógica ou ilógica permitiria que Hillary Clinton pedisse o fim das regras constitucionais para afetar a vontade dos eleitores, uma maioria substancial dos quais votou nela.

Trump não pode ter as duas coisas. Ele não pode depender da Constituição para vencer uma eleição e agir contra a norma quando perder. A Carta Constitutiva dos Estados Unidos é a mais antiga escrita da História, tendo sobrevivido a crises, tanto internas quanto externas. Possui um processo de emendas segundo o qual suas disposições podem ser alteradas e novas disposições adicionadas. O que ela não tem é uma provisão para encerrá-la se um candidato presidencial estiver insatisfeito com os resultados da votação.

Se Trump pudesse rescindi-la à vontade, outros presidentes ou candidatos perdedores poderiam fazer o mesmo. Isso marcaria o fim do Estado de Direito constitucional que serviu tão bem ao país ao longo dos anos. A Constituição americana não é perfeita. Sua origem se apoia em certos compromissos, alguns deles profundamente imorais. Não foi escrita para uma democracia, mas, sim, para uma república. De fato, muitas de suas principais disposições são antidemocráticas, como o Colégio Eleitoral, o Senado e um Judiciário nomeado com poder para anular os setores eleitos. Hoje, muitos da extrema esquerda defendem a extinção ou ignoram o que consideram um documento anacrônico escrito por proprietários de escravos. Agora o líder da direita parece aderir a esse apelo.

A combinação de chamadas de extrema esquerda e extrema direita para colocar um fim à norma constitucional aumenta a possibilidade de que esse movimento se torne mais popular.

Ao longo da História, houve pedidos de extinção da Constituição. No início, os críticos a chamavam de "Constituição sem Deus". Os abolicionistas a chamavam de "Constituição dos Proprietários de Escravos". Após a promulgação das emendas pós-Guerra Civil, muitos sulistas consideraram a Constituição como "justiça dos vencedores" realmente injustiça. Durante o New Deal (1933–1937), muitos democratas a viam como uma barreira ao progresso econômico e social. Durante o movimento dos Direitos Civis, muitos sulistas a acusaram de destruir seu modo de vida. Agora, acadêmicos radicais e *woke* veem-na como uma barreira para suas utopias. É contra esse pano de fundo histórico que a declaração equivocada de Trump deve ser considerada.

Os Estados Unidos são um país de centro que tradicionalmente marginalizou tanto a extrema direita quanto a extrema esquerda. Os americanos rejeitaram os esforços anteriores para acabar com a Constituição, ao mesmo tempo em que aceitaram emendas e interpretações judiciais que a tornaram relevante para as preocupações contemporâneas. A Constituição "não está avariada", e não devemos abandoná-la. Também não devemos lotar os tribunais de maneira partidária. O Estado de Direito exige que todos os americanos cumpram a norma. Ninguém está acima da lei e certamente ninguém está acima da Constituição.

O Melhor Aliado da Campanha "Perseguição a Trump": Donald Trump

A campanha "Perseguição a Trump" está ganhando força após o anúncio de que ele irá concorrer em 2024. Os ativistas incluem aqueles que defendem meios legais, como táticas eleitorais agressivas tanto de mídia quanto econômicas.

Eles também incluem alguns que defendem meios constitucionalmente questionáveis ou mesmo claramente ilegais, como desqualificá-lo sob a 14ª Emenda, estender os estatutos criminais para cobrir conduta não criminosa e perseguir seus advogados e outros supostos "facilitadores".

Além disso, há o próprio Donald Trump, que parece determinado a dar a seus inimigos munição que possa ser usada na campanha contra ele. Muitas de suas ações e declarações recentes não apenas ajudaram e confortaram seus oponentes; como também fizeram com que amigos de longa data e simpatizantes se voltassem contra ele. Esses erros não forçados podem não ser suficientes para destruir sua candidatura, mas certamente a enfraquecem.

Seu jantar público com dois antissemitas declarados – Ye e Nick Fuentes – prejudicou sua posição entre muitos apoiadores judeus. O mesmo aconteceu com várias declarações recentes que estereotipam os judeus e sugerem que eles têm, ou deveriam ter, mais lealdade ao "seu país" Israel do que aos Estados Unidos.

Sua alegação confusa de que a suposta fraude nas eleições de 2020 justificaria *o término de todas as regras [...] mesmo daquelas encontradas na Constituição* tem alienado muitos conservadores e rigorosos literalistas. Seu apoio entusiástico a tantos candidatos derrotados nas eleições de meio de mandato de 2022 diminuiu o valor de seus endossos. Mesmo sua oposição à troca de prisioneiros, que trouxe para casa a estrela da WNBA Brittany Griner, atraiu reações mistas vindas de sua base.

Todos esses são erros não forçados que parecem mais produtos de seus impulsos incontroláveis do que de qualquer esforço calculado para aumentar suas chances de vitória. Eles certamente não parecem ter ajudado suas perspectivas eleitorais.

Donald Trump é um paradoxo complexo. Ele não é pessoalmente um antissemita ou um fanático. Esses rótulos simplesmente não se encaixam, embora certamente abracem alguns de seus seguidores que usam suas ações e declarações para validar as próprias opiniões odiosas. O ex-presidente não parece entender ou se importar com o fato de que ele influencia e valida pessoas muito ruins e algumas visões muito perigosas. Por exemplo, ele jantou com Ye não por causa do antissemitismo do músico, mas apesar dele. Trump o estava recompensando pelas coisas positivas que disse sobre si no programa de Tucker Carlson, ignorando as implicações negativas dessa recompensa tão pública.

Os estereótipos censuráveis de Trump sobre os judeus – bons negociadores, promotores imobiliários, controladores de mídia e amantes de Israel –, na verdade, pretendiam ser lisonjeiros, mas são vistos pelos antissemitas como evidência de influência e poder judaicos indevidos.

Trump parece insensível à influência negativa que inadvertidamente exerce. Isso não é uma justificativa ou desculpa para suas ações erradas, mas pode ajudar a explicar o que de outra forma parece inexplicável, especialmente para aqueles que o conhecem.

Durante a campanha de 2016, muitos especialistas previram que suas repetidas gafes – sobre as mulheres, o senador McCain, os soldados, os repórteres e outros – certamente afundariam sua candidatura. Isso não aconteceu. Parte do motivo é que a eleição de 2016 apresentou uma escolha negativa para muitos eleitores, especialmente aqueles que odiavam Hillary Clinton mais do que não gostavam de Donald Trump. É diferente agora. Os equívocos de Trump são muito altos e crescentes. É improvável que suas recentes peripécias os reduzam.

O que pode muito bem ajudá-lo, apesar de sua mentalidade autodestrutiva, são os meios injustos, antiéticos, ilegais e inconstitucionais usados para "pegá-lo", empregados por alguns oponentes radicais que se preocupam mais com os fins que buscam – impedir que Trump concorra – do que com os meios perigosos que empregam. Muitos americanos centristas reagem mal a táticas injustas que visam oponentes políticos para um tratamento negativo especial. Trump entende isso e usa a injustiça dirigida a ele para reunir e expandir sua base.

Esses meios injustos também mantêm o ex-presidente na frente e no centro das notícias, algo de que ele precisa para manter sua candidatura viável. Assim, aqueles que desejam impedir Trump de retomar a Casa Branca fariam bem em parar de usar meios ilegais e injustos para "persegui-lo" e deixá-lo "perseguir" a si mesmo, o que ele parece inteiramente capaz de fazer por sua própria falta de controle.

Os Eventos Mais Transformadores do Século XXI

Quais eventos mais transformaram a nação americana durante os primeiros 22 anos deste século? Cinco se destacam. Cada um era totalmente imprevisível e, em grande parte, inevitável. Eles mudaram o curso da História, a ideologia, as atitudes e as respostas, e terão um impacto contínuo nas vidas dos cidadãos nos próximos anos.

Em ordem cronológica, eles são os seguintes:

1) O ataque ao World Trade Center e ao Pentágono em 11 de setembro de 2001;
2) A eleição de Donald Trump em 8 de novembro de 2016;
3) A pandemia de covid-19 começando no início de 2020;
4) O assassinato de George Floyd em 25 de maio de 2020;
5) O ataque russo contra a Ucrânia em 24 de fevereiro de 2022.

Alguns observadores podem acrescentar outros eventos, mas poucos negam a centralidade desses cinco, embora haja argumentos a respeito da ordem de seu significado. Vou oferecer meus próprios pontos de vista sobre essa questão; mas primeiro, uma descrição do impacto de cada um.

O ataque de 11 de setembro abalou profundamente os Estados Unidos e evidenciou sua vulnerabilidade à guerra assimétrica de pequenos grupos capazes de virar as "armas" americanas contra a própria nação, a fim de infligir danos enormes. Isso provocou guerras no Iraque e no Afeganistão com baixas consideráveis, e nada muito significativo para mostrar em retorno. Desestabilizou o Oriente Médio e fortaleceu o Irã e seus representantes no Iraque e no Líbano. Embora tenhamos matado ou capturado muitos dos perpetradores, nós o fizemos com um custo duradouro para as liberdades civis e o Estado de Direito, como exemplificado por Guantánamo e a Lei Patriótica. Já se passaram mais de duas décadas desde aquele dia fatídico, e seu impacto na *psique* coletiva persiste.

A eleição de Donald Trump em 8 de novembro de 2016 dividiu os americanos mais do que qualquer eleição desde que Lincoln derrotou John C. Breckinridge em 1860. Embora a eleição de Trump não tenha causado uma guerra civil, resultou na separação de famílias, amizades e filiações partidárias. Também causou uma falha nas comunicações, uma redução das nuances e uma exigência de que todos escolhessem um lado e fossem absolutamente leais ao seu lado. Também prejudicou as liberdades civis e o Estado de Direito de duas maneiras. Primeiro, o próprio Trump minou esses pilares da democracia ao jogar rápido e solto com a Constituição. Segundo, seus oponentes estavam dispostos a comprometer os direitos constitucionais em seus esforços para "pegá-lo". Mesmo organizações há muito dedicadas às liberdades civis, como a ACLU, estavam preparadas para abdicar de seus pilares a fim de evitar o que consideravam uma ameaça ainda maior: Trump. O resultado final é uma nação com menos direitos fundamentais e maiores riscos às liberdades.

A covid-19 veio do nada, ou da China (ninguém tem certeza de sua origem), mas são evidentes as suas consequências. Os Estados Unidos e grande parte do resto do mundo foram fechados, houve muitas mortes e doenças consideráveis. Minha mãe quase morreu durante a epidemia de gripe de 1917. Sobrevivi ao susto da poliomielite na década de 1950. A varíola era tão comum durante a guerra revolucionária que o general Washington ordenou que todas as tropas fossem vacinadas. Mas não houve paralisações como as que experimentamos durante 2020–2021. O impacto na escolaridade, nas ausências no local de trabalho e nos negócios foi incalculável. Mas, devido à resposta rápida, ao desenvolvimento de vacinas e tratamentos, e ao uso generalizado de máscaras, os danos foram contidos. Ainda sofremos, no entanto, com as sequelas, tanto físicas quanto psicológicas. Também ainda estamos experimentando as repercussões políticas das medidas altamente divisórias que foram tomadas.

O assassinato de George Floyd, em 25 de maio de 2020, mudou a maneira como os americanos veem a raça. A brutalidade do policial que causou a morte desse homem negro de 46 anos simbolizou, para muitos americanos, o sórdido histórico de violência policial contra negros, e resultou em um amplo reconhecimento sobre o papel da raça na nação americana. Praticamente todas as instituições foram impactadas por esse acerto de contas, desde a política à mídia, à educação, à cultura, à publicidade, às salas de diretoria corporativa, aos esportes e às relações e atitudes interpessoais. Raramente na História um evento, que no passado teria sido ignorado, teve um impacto tão profundo e persuasivo na vida de tantos americanos de todas as raças, sexos, idades e origens socioeconômicas. É difícil pensar em qualquer aspecto da vida americana que não tenha sido atingido por esse horrível assassinato e suas consequências. As pessoas podem diferir quanto aos benefícios e custos de mudanças específicas, mas ninguém pode duvidar da difusão desse ajuste de contas do caráter, atitudes e ações nacionais.

Por fim, há o atual ataque russo à Ucrânia. Embora a Rússia seja claramente culpada, até mesmo essa questão divide os americanos, pelo menos até certo ponto, apesar de sua falta de impacto direto sobre o povo. Ele quebrou a paz de longa data na Europa Oriental. Ninguém sabe como e quando terminará e quais serão suas implicações para a ordem mundial.

Esses são os cinco eventos que mais moldaram os primeiros 22 anos deste século. Eles têm em comum a inevitabilidade e imprevisibilidade. Assim, foi difícil preparar-se para eles e suas consequências. As respostas foram ad hoc e reativas. Felizmente, aprendemos lições que podem nos ajudar a responder com mais eficácia às imprevisíveis futuras ameaças que inevitavelmente enfrentaremos durante o resto deste século.

Minha escolha pessoal para o evento mais transformador para os americanos é o assassinato de George Floyd e o reconhecimento racial generalizado que se seguiu. Ele alterou profundamente o papel da raça em quase todos os aspectos da vida americana. Isso nos tornou mais conscientes da raça e acabou com o sonho de Martin Luther King Jr. de uma sociedade sem preconceito racial, na qual as pessoas são julgadas pelo conteúdo de seu caráter, e não pela cor de sua pele. O legado de George Floyd é um mundo de política de identidade baseado, em grande parte, na raça. Para alguns americanos, esse é um desenvolvimento totalmente positivo. Para outros, também tem implicações negativas. Mas ninguém está totalmente imune a seus efeitos; daí o meu voto de primeiro lugar.

O Encaminhamento do Comitê de 6 de Janeiro Violou a Separação Inconstitucional de Poderes

O Comitê de 6 de janeiro votou para encaminhar o ex-presidente Donald Trump ao Departamento de Justiça para possível processo criminal. Esse encaminhamento viola a letra e o espírito da Constituição por, pelo menos, duas razões.

Primeiro, o Artigo 1º da Constituição concede ao Congresso "todos os poderes legislativos" e apenas "poderes legislativos". Sob o sistema de separação de poderes, o poder de processar cabe exclusivamente ao poder Executivo por meio do Departamento de Justiça. O Congresso não tem autoridade para encaminhar indivíduos específicos para acusação. Está além do escopo de sua autoridade constitucional.

Em segundo lugar, ao Congresso fica especificamente negado o poder de aprovar qualquer "lei de ocasião".

Antes da independência dos Estados Unidos, o Parlamento britânico promulgou esses projetos de lei que processavam indivíduos nomeados. A Constituição americana proibiu o Congresso de fazê-lo. O poder do Congresso é limitado a aprovar leis de aplicação geral que podem ser aplicadas a indivíduos específicos apenas pelo Departamento de Justiça e um grande júri. Um comitê do Congresso que vota oficialmente para encaminhar um indivíduo nomeado para processo viola o espírito da proibição explícita contra "leis de ocasião" do Congresso.

Há uma exceção possível a essa limitação de separação de poderes na nomeação de indivíduos. A Seção 5 da 14ª Emenda dá ao Congresso o poder de *"fazer cumprir, por meio de legislação apropriada"* suas disposições, que incluem a desqualificação de ocupar um cargo federal qualquer pessoa que *"teve envolvimento em insurreição ou rebelião"* contra os Estados Unidos ou *"prestou ajuda ou consolo aos seus inimigos"*. A Seção 3 lhe dá o poder de *"remover tal desvantagem"* por dois terços dos votos de cada casa. Esse é um poder muito limitado previsto para ser aplicado aos rebeldes do Sul durante a Guerra Civil, conforme evidenciado pela referência específica à *"perda ou emancipação de qualquer escravo"* na Seção 5. Mas, mesmo que fosse considerado aplicável aos eventos de 6 de janeiro de 2021, o encaminhamento recente não foi realizado de acordo com essa emenda. Com efeito, não foi realizado em conformidade com nenhuma disposição da Constituição, porque não há nenhuma que a autorize.

O Departamento de Justiça aceitará educadamente o encaminhamento e o colocará em um arquivo que é redondo e fica no chão. Um promotor especial já foi nomeado e está conduzindo uma investigação completa e objetiva. O Departamento de Justiça realmente não precisa de um encaminhamento do Congresso, nem deve dar atenção a isso.

O próprio Comitê era composto por "cangurus" democratas e republicanos. Os dois "republicanos" foram escolhidos pelos democratas. Aqueles originalmente nomeados pelo líder da minoria republicana foram vetados pela presidente da Câmara, Nancy Pelosi, em violação às tradições da Casa Parlamentar. Os republicanos se recusaram a escolher dois outros membros e, assim, os democratas os selecionaram. Eles serviram apenas como cobertura para a investigação unilateral, relatório e encaminhamentos. Os procedimentos do Comitê foram mais como um julgamento-espetáculo, complementado com vídeos engenhosamente elaborados, do que uma audiência legislativa séria com o objetivo de ajudar na aprovação de leis. Era uma reminiscência de uma versão democrata do macarthismo republicano dos anos 1950, em que os cidadãos eram nomeados e colocados em listas negras.

O chamado Comitê de 6 de janeiro foi o ponto culminante dos esforços para perseguir Trump que ignoravam as restrições constitucionais e o Estado de Direito. Pode não ser a última palavra, entretanto, já que sempre há a possibilidade de o promotor especial fazer o indiciamento. Se o fizer, não será por indicação do Congresso, mas porque a investigação do Departamento de Justiça produziu de forma independente evidências convincentes de conduta criminosa. Também será, é o que se espera, porque promotores experientes tomaram decisões judiciais com base nos padrões, prioridades e exercício do poder discricionário do Departamento de Justiça, não com base em vantagens partidárias.

Acusar um candidato presidencial de um crime é o mais grave possível, especialmente se estiver concorrendo contra o titular, que controla o Departamento de Justiça. Se não for feito de maneira adequada e objetiva, é coisa de "república das bananas". Como disse certa vez um ditador sul-americano: *"aos amigos, tudo; aos inimigos, a lei"*.

A imprudente indicação do Congresso tornará mais difícil processar Trump sem parecer partidarismo. O relatório do Comitê e os encaminhamentos irão manchar a decisão do promotor especial na mente de muitos que acreditarão, mesmo erroneamente, que ele foi influenciado pelo processo corrupto do Comitê.

Essa é uma boa lição sobre a centralidade da separação de poderes no sistema de governança americano. É um lembrete importante de por que os comitês do Congresso devem ficar fora das decisões do Ministério Público e das denúncias criminais.

Existe um Remédio Legal para as Mentiras de Santos?

O congressista George Santos viveu uma vida de mentiras. Ele mentiu sobre sua infância, seu histórico acadêmico, sua experiência empresarial, sua riqueza, sua herança, sua vida pessoal e sua ficha criminal. Ele tem sorte de que a grande maioria dessas mentiras não foi proferida quando sob juramento. Nem difamaram indivíduos específicos. A menos que ele tenha mentido em formulários do governo, é improvável que possa ser julgado ou processado civilmente com sucesso. Suas vítimas são principalmente os eleitores que votaram em uma pessoa muito diferente de quem acreditavam.

É possível, portanto, que George Santos não seja responsabilizado legalmente por suas mentiras, sobretudo as mais flagrantes que o levaram a ser indicado e eleito para o Congresso.

Alguns ficarão surpresos ao saber que a Primeira Emenda da Constituição protege a maioria das mentiras. Permite que os antissemitas neguem o Holocausto. Ela protege sexistas e racistas de desonestamente se envolverem em discursos de ódio falsos e maldosos. Não permite que o Congresso promulgue leis que protejam a memória dos soldados que morreram em defesa do país. Ela permite que pessoas ignorantes afirmem que a Terra é plana e que os astronautas nunca pousaram na lua.

Embora mentir quando não se está sob juramento e quando não se ataca um indivíduo específico não seja crime nos Estados Unidos, o é em outros países nos quais se pune a falsificação de uma história e o discurso de ódio dirigido a grupos, e não a indivíduos. Escolhemos um caminho diferente que não é isento de custos. A falsidade generalizada na arena pública é o preço que pagamos pela liberdade de expressão e pelo mercado de ideias.

Os perigos de punir falsidades gerais são demonstrados pelas leis de outros países. Na Polônia, é um crime afirmar que o povo polonês participou do Holocausto, embora essa afirmação seja absolutamente verdadeira como questão histórica. Os poloneses não apenas colaboraram com os nazistas, alguns continuaram a matar judeus mesmo depois que os nazistas partiram. O Parlamento polonês declarou que a verdade histórica é uma mentira passível de punição. Quando fui à Polônia, há vários anos, para ajudar a comemorar o fim do nazismo, deliberadamente desafiei essa lei afirmando diretamente em uma reunião pública que muitos poloneses participaram do Holocausto (embora outros tantos não o tenham feito). Não fui preso.

Na Turquia, é crime afirmar que ocorreu o genocídio armênio. Na França é crime negar o mesmo evento.

Cabe aos historiadores, não aos juízes ou jurados, determinar a veracidade ou falsidade das afirmações históricas, assim como é função dos cientistas transmitir a exatidão das afirmações científicas.

Nos últimos anos, houve alegações falsas sobre a covid-19, vacinas e outros problemas médicos. Mentir sobre tais assuntos pode causar danos significativos.

Danos significativos também podem ser causados por falsas alegações sobre eleições. No Brasil, tais alegações sobre a última eleição contribuíram para a violência. Nos Estados Unidos, falsas alegações sobre as votações presidenciais de 2020 exacerbaram as divisões entre os cidadãos.

Permitir que George Santos viva sua vida de mentiras sem responsabilidade legal é o alto preço que pagamos por negar ao governo o poder de censurar. O que Winston Churchill disse uma vez sobre a democracia pode ser parafraseado para se aplicar à liberdade de expressão: é a pior política, exceto todas as outras que foram tentadas ao longo do tempo.

A alternativa é necessariamente alguma forma de censura. Ao longo da História, a censura por parte de governos, igrejas e outras instituições poderosas tem sido a regra. Não funcionou. Nem a liberdade de expressão desimpedida funcionou perfeitamente. Mas a experiência também demonstrou claramente que a censura é muito mais perigosa do que a liberdade de expressão.

Thomas Jefferson pode ter exagerado quando escreveu o seguinte em uma carta, 25 anos após a Declaração de Independência: *"Nós não temos nada a temer da argumentação desmoralizante de alguns, se outros forem deixados livres para demonstrar os erros deles [...]"*. Ele estava certo, entretanto, que, enquanto os que dizem a verdade são capazes de responder aos mentirosos, temos muito mais a temer da censura do que da liberdade de expressão.

Portanto, continuemos a condenar George Santos no tribunal da opinião pública, mas não criminalizemos suas mentiras, a menos que caiam em estreitas exceções.

A Morte das Nuances na Política e na Mídia

Estamos experimentando a morte do discurso com nuances em muitas partes do mundo hoje. Em vez disso, vemos um debate em preto ou branco entre dois lados, cada um insistindo que está certo; e o outro, errado em todos os aspectos. Nenhum dos lados está disposto a dar espaço intelectual ao outro ou mesmo a ouvir seus contra-argumentos. A rendição incondicional é exigida. O meio-termo é impensável nessa guerra de ideologias.

Já se foram os dias em que os amigos podiam discordar e, ainda assim, respeitar as opiniões uns dos outros. Hoje, as amizades de longo prazo terminam pela falta de vontade de reconhecer que pode haver dois lados em uma questão divisória. Contra-argumentos não são respondidos por fatos ou lógica, mas por insultos *ad hominem*.

Dois exemplos atuais ilustrarão essa degradação do discurso. O primeiro envolve a divulgação de que Donald Trump e Joe Biden manusearam erroneamente o material classificado depois que deixaram o cargo. A boa notícia é que praticamente todos os americanos concordam em um ponto: existem diferenças importantes e conclusivas que tornam um caso muito mais sério do que o outro. A má notícia é que metade do país tem certeza de que o de Trump é pior, enquanto a outra metade tem certeza de que o de Biden é pior. Ninguém parece acreditar que existem alguns problemas que pioram o de Trump, enquanto há outros que pioram o de Biden. Para a maioria, é preto e branco. Um deles fez tudo errado, enquanto o outro não fez nada de errado. Caso encerrado.

O segundo exemplo de falta de nuances envolve os debates aqui e em Israel sobre o papel e a influência da Suprema Corte. Aqui, a extrema esquerda quer enfraquecer a atual Suprema Corte, enchendo-a com novos juízes em número suficiente para movê-la para a esquerda. Em Israel, a direita quer enfraquecer seu tribunal superior, permitindo que o Legislativo anule suas decisões progressistas e conferindo ao braço conservador um papel maior na seleção dos juízes.

Os israelenses de esquerda estão saindo às ruas em protestos em massa contra essas "reformas" judiciais, alegando que elas trarão o fim de Israel como uma democracia. Os defensores afirmam que elas irão melhorar a democracia transferindo o poder de um tribunal elitista não eleito para um *Knesset* eleito pela maioria.

Cada lado tem um ponto. Os tribunais devem ser o controle da democracia e os protetores das minorias e, muitas vezes, das impopulares liberdades civis. Quando os tribunais decidem em favor das minorias sobre as maiorias, a democracia pura é comprometida, mas no interesse das liberdades civis fundamentais e dos direitos humanos para todos. O objetivo é encontrar o equilíbrio adequado entre ambos os direitos. Isso requer nuances, calibragem e disposição para fazer concessões, precisamente os elementos que estão desaparecendo de modo rápido do diálogo político, midiático e acadêmico.

Tanto em Israel quanto aqui, os oponentes da única abordagem "correta" – e, segundo eles, só existe uma abordagem correta – são submetidos a ataques *ad hominem*, chamados de fascistas e cancelados. A demonização substituiu o diálogo. Ambos os países estão mais pobres por isso.

O grande jurista americano Learned Hand observou corretamente que o espírito de liberdade é *"o espírito que não tem muita certeza de que está certo"*. Certeza e intolerância de pontos de vista opostos são as marcas da tirania intelectual que facilmente se transformam em tirania política. Se alguém tem certeza da exatidão absoluta de seus pontos de vista, muitas vezes não vê necessidade do direito de discordar ou da necessidade do devido processo legal. Estamos vendo isso hoje entre muitos na geração *woke*, que acreditam que seus fins nobres justificam meios ignóbeis, como encerrar o debate e negar o devido processo legal aos acusados de pecados ou crimes politicamente incorretos. Na extrema direita, sempre vimos intolerância e, agora, enfrentamos a violência crescente, justificada em nome da preservação dos valores americanos tradicionais.

A estrada para o inferno político está, na verdade, pavimentada com a certeza de que as intenções de alguém são boas. Ou, como o grande juiz Louis Brandeis nos ensinou há um século: *"Os maiores perigos para a liberdade espreitam na intrusão insidiosa de homens zelosos, mas sem entendimento"*.

Hoje, não apenas as nuances não são bem-vindas na maioria dos diálogos políticos, como são punidas. Aqueles considerados culpados de comprometer a narrativa ao introduzir diferentes olhares são considerados traidores da causa e atacados, cancelados ou evitados. Outros, que por sua natureza estão abertos a concessões, são desencorajados a participar da discussão.

O resultado final são os jogos de soma zero, que estão sendo praticados nos conflitos sobre o duplo manuseio incorreto de informações classificadas e nos ataques à Suprema Corte. Os debates sobre essas questões importantes foram consideravelmente emburrecidos pelo extremismo e pela falta de elasticidade de ambos os lados.

Republicanos Querem o Impeachment de Mayorkas pelos Motivos Que o Rejeitaram no Caso de Trump

A história soa familiar: o partido no controle da Câmara dos Deputados quer destituir um oponente político por motivos não especificados na Constituição. No caso atual, o presidente republicano da Câmara está buscando o impeachment do secretário democrata de Segurança Interna, Alejandro Mayorkas, alegando que ele está "negligenciando" suas funções. Quando os democratas controlavam a Câmara, eles inicialmente acusaram o presidente Trump com base igualmente vaga e inconstitucional de que havia "abusado de seu poder".

Quando os democratas foram atrás de Trump, os republicanos insistiram que os únicos motivos permitidos eram *"traição, suborno ou outros crimes graves e contravenções"*, conforme especificado na Constituição. Agora que o sapato está no outro pé, muitos desses mesmos republicanos estão afirmando que a "negligência" do dever é suficiente.

O mesmo acontece com os democratas que insistiram que "abuso" era suficiente para acusar Trump. Agora, estão dizendo que, para Mayorkas, a Constituição exige crimes graves e contravenções, não mera negligência.

Essas inconsistências são evidentes para todos verem, mas aparentemente irrelevantes para partidários hipócritas que não se importam. Eles interpretam a Constituição de uma maneira para seus inimigos e de outra para seus amigos. Direitos para mim, mas não para ti!

Alexander Hamilton alertou, em *O Federalista*, que o "maior perigo" do impeachment é que ele será usado politicamente e girará em torno do número de votos que cada partido poderia garantir, *"que a decisão será regulada mais pela força comparativa de partes, do que pela demonstração real de inocência ou culpa"*.

Nos primeiros duzentos anos de existência da nação americana, isso foi apenas uma ameaça abstrata. Mas, desde o imprudente impeachment do presidente Bill Clinton, o pesadelo de Hamilton se tornou realidade. Clinton foi acusado de atos pessoais que ficaram muito aquém dos critérios constitucionais.

Apoiadores democratas de Clinton, eu inclusive, insistiram que os critérios constitucionais não foram atendidos e que o impeachment era uma mera afirmação de poder político, e não uma aplicação dos princípios da Constituição. Os republicanos responderam que Clinton havia desonrado a presidência por sua conduta privada e que isso era suficiente para a destituição. No final das contas, o ex-presidente foi absolvido pelo Senado.

Em seguida, os democratas tentaram se vingar acusando duas vezes Donald Trump de conduta incompatível com os critérios constitucionais. Argumentei contra a remoção do ex-presidente no primeiro julgamento do Senado. Ele foi duas vezes absolvido.

Na época do impeachment de Trump, previ que, quando os republicanos assumissem o controle da Câmara dos Deputados, eles jogariam na mesma moeda. Essa previsão, infelizmente, se tornou realidade. Imediatamente após a eleição de Joe Biden, alguns republicanos pediram sua destituição. Isso não conseguiu apoio generalizado entre a base republicana. Agora, estão mirando no secretário de Segurança Interna, indicado por Biden. Os republicanos que apoiam sua destituição sabem muito bem que não conseguirão removê-lo por dois terços dos votos do Senado. Mas eles ainda querem o impeachment para destacar as supostas falhas desse governo no controle da fronteira Sul. Eles podem ter votos republicanos suficientes para atingir esse objetivo político inconstitucional, apesar do fato de que alguns moderados parecem não querer concordar com essa farsa.

Isto foi o que aconteceu. Ambos os partidos estão dispostos a usar critérios constitucionais como arma para o impeachment a fim de obterem benefícios políticos. Os líderes e muitos membros de ambos os lados dos parecem dispostos a aplicar a Constituição de maneira partidária, exatamente o oposto do que pretendiam os idealizadores. Vencer é seu único objetivo, e, para atingir esse fim, todos os meios inconstitucionais são aceitáveis, desde que angariem votos.

Essa dupla distorção da Constituição põe em perigo todos os americanos ao substituir o Estado de Direito pelo papel do poder. Políticos decentes de ambos os lados devem se recusar a jogar este jogo inconstitucional de olho por olho, e devem exigir o cumprimento do texto da Constituição. Mas não podemos contar com qualquer decência dos políticos.

Existem poucos perfis de coragem ou consistência entre os membros da Câmara de hoje. Só podemos esperar que seja o suficiente para impedir o impeachment de Mayorkas por motivos inconstitucionais. Não foram suficientes para impedir os impeachments inconstitucionais de Clinton e Trump. As coisas podem ter mudado desde então, mas não para melhor.

O Responsável pelo Vazamento da Suprema Corte Deve Ser Encontrado

A Suprema Corte divulgou as conclusões de sua investigação sobre quem vazou a proposta de decisão que anulou Roe versus Wade. A investigação falhou em descobrir o responsável pelo vazamento, e o assunto agora parece estar encerrado. Essa é uma resolução insatisfatória para uma das mais graves violações de confidencialidade na História americana.

Não subestimemos a gravidade desse fato. Isso, aparentemente, encorajou um assassino em potencial a tentar matar o juiz Brett Kavanaugh em um esforço para mudar o resultado do caso. Poderia facilmente ter conseguido fazê-lo.

O insucesso em descobrir o responsável pelo vazamento encorajará outras pessoas a se envolverem em ações que acreditam ser desobediência civil bem-intencionada. O mistério precisa ser resolvido.

A investigação feita pela Suprema Corte estava fadada ao fracasso. Foi colocada nas mãos do delegado da Corte, cujo trabalho é proteger os juízes e garantir a ordem no prédio do Tribunal. Mas seu escritório não está equipado para conduzir investigações difíceis. O assunto deveria ter sido encaminhado ao FBI ou a um procurador especial nomeado pelo Departamento de Justiça, como aconteceu com a posse não autorizada de material sigiloso pelo presidente Biden e pelo ex-presidente Trump.

Sejamos claros sobre uma coisa: a divulgação imprópria da proposta de opinião da Suprema Corte, nesse caso, foi uma violação pelo menos tão séria quanto as de Biden ou Trump.

Nem Biden nem Trump divulgaram qualquer arquivo classificado nem colocaram em risco a segurança dos Estados Unidos. O perigo morava na possível divulgação imprópria, enquanto o vazamento da Suprema Corte envolveu uma divulgação real que impactou a Suprema Corte de várias maneiras negativas.

O presidente Trump criticou a investigação da Suprema Corte, argumentando que o repórter que publicou a proposta do parecer deveria ter sido intimado e ameaçado de prisão se não revelasse a fonte. Tal compulsão violaria o privilégio jornalista-fonte que existe em muitas jurisdições. Não é um privilégio absoluto, como evidenciado pelo fato de que jornalistas, principalmente Judith Miller, do *The New York Times*, terem passado algum tempo na prisão por se recusarem a cumprir ordens judiciais de revelarem sua fonte. Intimar uma profissional da imprensa e ameaçá-la com prisão deveria ser o último recurso, mas é possível.

Seria justificável neste caso? Talvez. A probabilidade é que, como Judith Miller, a jornalista que recebeu e publicou a proposta do parecer se recusasse a revelar sua fonte, embora ninguém saiba o impacto que a ameaça de prisão teria sobre uma determinada jornalista.

A própria jornalista não teve culpa por publicar a proposta de parecer. Tratava-se de conteúdo de altíssimo interesse jornalístico e, tal qual com os Documentos do Pentágono e outros materiais confidenciais que foram publicados, os jornalistas que os receberam têm a obrigação de divulgá-los ao público.

O mesmo não pode ser dito sobre o funcionário da Suprema Corte que violou seu compromisso de sigilo ao divulgar indevidamente um documento que deveria ser mantido selado até a decisão dos juízes. Se a fonte ou fontes forem finalmente identificadas, eles provavelmente defenderão suas ações com base em um bem maior. Mas fins nobres não justificam meios impróprios ou antiéticos, especialmente se a revelação puder ter ameaçado a vida de inocentes.

Portanto, não permitamos que a investigação termine com esse relatório. Até agora, toda a questão foi relegada ao poder Judiciário, por ser o mais afetado diretamente. Mas todos os americanos são vítimas dessa violação, e tanto o Executivo quanto o Legislativo têm papéis-padrão a desempenhar se a Suprema Corte não puder fazer o trabalho adequadamente.

Apesar do fato de que a divulgação em si pode não ser um crime, ela pode envolver conduta criminosa antes, durante ou depois da própria divulgação. O FBI certamente tem jurisdição para investigar se alguma violação foi cometida.

O Congresso também pode ter um papel apropriado para garantir que essa violação não se repita. O relatório emitido pelos investigadores culpou a segurança da Suprema Corte. Esse problema não será fácil de resolver porque os assistentes jurídicos trabalham nas minutas e, muitas vezes, as levam para casa. A investigação também revelou que vários oficiais de justiça falaram sobre a decisão com suas esposas ou companheiros.

Fui assistente jurídico na Suprema Corte há sessenta anos, quando cada juiz tinha apenas dois assistentes jurídicos e havia muito menos pessoal na instituição. Nos primeiros dois meses de meu cargo, as portas da Suprema Corte estavam abertas a todos. Um visitante poderia simplesmente bater na porta dos juízes e pedir uma entrevista. Então, no terceiro mês de meu estágio, o presidente Kennedy foi assassinado. Eu fui quem contou aos juízes, que estavam em sessão confidencial na época, sobre essa tragédia. Quase tudo mudou após o assassinato. A segurança foi reforçada, barreiras foram erguidas e o acesso aos juízes foi severamente limitado. Mas nada foi feito para proteger o sigilo das propostas de parecer, e suspeito que pouco ou nada mudou desde então.

Não será sem custo impor restrições ao acesso e tratamento de minutas de pareceres por parte dos juristas. Todavia, esse custo, provocado pela violação atual, pode valer a pena incorrer a fim de proteger divulgações futuras.

O Caso para Obrigar uma Jornalista a Revelar a Fonte do Vazamento da Suprema Corte

Quando o delegado da Suprema Corte emitiu seu relatório concluindo que sua investigação de oito meses não conseguiu descobrir a fonte do vazamento, o ex-presidente Trump exigiu que os repórteres que publicaram o rascunho do parecer no caso Barns revelassem sua fonte.

Existem vários problemas com essa demanda. Primeiro, o gabinete do delegado não tem autoridade para obrigar os repórteres a testemunharem. Poderia, no entanto, buscar a ajuda do Departamento de Justiça, que tem legitimidade para solicitar intimações do tribunal a fim de investigar possíveis contravenções. Embora não seja ilegal vazar documentos confidenciais da Suprema Corte, é crime mentir sobre isso para o escritório do delegado ou em uma declaração juramentada. E, se a fonte estava entre os questionados, ele ou ela deve ter mentido.

Havendo ou não crime, a Comissão de Justiça da Câmara poderia investigar o vazamento e intimar os jornalistas. Um comitê controlado pelos republicanos teria um incentivo político para cumprir a demanda de Trump. Assim, a barreira processual para encontrar uma instituição que tenha o poder de obrigar pode ser superada.

Essa significativa barreira – se qualquer instituição governamental pode obrigar um jornalista a identificar as fontes – levanta um problema potencialmente mais assustador, uma vez que os repórteres se recusarão a revelar quem lhes deu o rascunho da opinião com base no privilégio jornalista-fonte. Um tribunal teria que decidir se os obrigaria a fazê-lo.

O juiz começaria com a proposição de que o privilégio não é absoluto, como atestará o caso Judith Miller. Essa ilustre ex-representante do *The New York Times* cumpriu 85 dias de prisão por se recusar a divulgar a fonte de sua investigação sobre um vazamento que identificou um agente secreto da CIA. Outros também foram compelidos a revelar suas fontes quando se considerou que o interesse legítimo do governo na identidade superava o interesse jornalístico legítimo em protegê-la.

Então, quais são os pontos fortes e fracos dos interesses compensatórios neste caso? O público tem grande interesse em que as fontes revelem e que a mídia publique segredos sobre má conduta oficial ou ações questionáveis que o governo procura reprimir. Os Documentos do Pentágono e parte do que foi publicado pelo WikiLeaks podem se encaixar nessa categoria. Forneci aconselhamento jurídico em ambas as situações.

Compare esses casos com o vazamento da Suprema Corte. Que interesse público legítimo foi atendido pela divulgação indevida do rascunho do parecer meses antes de sua divulgação? Qual fim legítimo a fonte pretendia alcançar com a divulgação antecipada? Posso pensar em vários objetivos ilegítimos, como influenciar indevidamente juízes – seja de que maneira for – que podem estar hesitantes e sujeitos à persuasão legítima de seus colegas. Essa é uma possibilidade realista, já que agora sabemos que o Chefe de Justiça, juiz Roberts, estava pressionando um ou dois colegas a aderirem à sua opinião, embora não a tenha derrubado Roe. Se a fonte favoreceu a anulação, ele ou ela pode ter acreditado que a divulgação da minuta e do voto manteria unidos os juízes que aderiram ao parecer preliminar. Se a fonte se opôs à anulação, eles podem ter acreditado que a reação negativa do público ao resultado vazado poderia ter mudado a opinião de um juiz. De qualquer forma, é inadmissível que um magistrado seja influenciado por esse tipo de pressão.

O fim mais extremo e improvável buscado pela fonte pode ter sido incentivar um oponente violento à anulação a tentar alterar a votação assassinando um juiz indeciso. Por mais improvável que seja essa a intenção, chegou perto de ser o resultado quando, logo após o vazamento, um potencial homicida, armado com armas letais, foi capturado perto da casa do juiz Brett Kavanaugh.

Mesmo que nenhum propósito legítimo tenha sido atendido por esse vazamento específico, alguns argumentariam que obrigar o jornalista a revelar essa fonte pode desencorajar outros informantes a divulgarem informações realmente importantes sobre a má conduta do governo em andamento.

Outro argumento é que a divulgação compulsória seria inútil, já que todos os jornalistas decentes fariam o que Miller fez: ir para a cadeia em vez de quebrar sua promessa de confidencialidade. Talvez. Alguns receberiam intimações judiciais para revelarem ou irem para a prisão. Ninguém pode saber ao certo, até que enfrentassem a difícil escolha, se eles se tornariam mártires pelo privilégio, ou se colocariam seus próprios interesses em primeiro lugar.

De qualquer forma, esses dois argumentos vão longe demais. Eles exigiriam um privilégio absoluto que negaria aos tribunais o poder de obrigar Miller e outros jornalistas detidos por desacato. Mas o privilégio, na maioria das jurisdições, não é absoluto; exige que os juízes avaliem os custos e os benefícios da divulgação compulsória.

Uma ponderação justa por um tribunal concluiria que trata-se de um caso encerrado. Se algum dos lados tivesse uma presunção a seu favor, isso poderia fazer pender a balança.

Mas, na ausência desse diferencial, o caso de divulgação compulsória tem uma pequena vantagem devido à singularidade: a fonte aqui não procurou expor qualquer irregularidade do governo, mas apenas o funcionamento usual da Suprema Corte, semanas antes de quando deveria ser tornado público. O único erro que seria exposto aqui seria pela fonte. Um tribunal pode muito bem concluir que o direito do público de saber quem era o responsável pelo vazamento supera a necessidade de proteger essa fonte criminosa.

A Importante Linha entre o Civil e o Criminal Está Sendo Violada

Existem dois mecanismos fundamentais de justiça para os erros cometidos. O primeiro é civil, segundo o qual o dano é compensado financeiramente – pelo pagamento de dinheiro. O segundo é criminal, segundo o qual o infrator é punido com prisão, liberdade condicional ou multa.

A Constituição americana reconhece essa distinção histórica ao garantir diferentes leis nos casos civis e criminais. A Declaração de Direitos estabelece que "em todos os processos criminais" uma infinidade de importantes proteções processuais deve ser concedida ao réu. Isso inclui um "julgamento rápido e público por um júri imparcial", "a assistência de um advogado", a possibilidade de confrontar testemunhas contrárias e de convocar testemunhas favoráveis, proibições contra autoincriminação compulsória e dupla penalização, fiança razoável e nenhuma "punição cruel e incomum".

Em casos civis, por outro lado, há pouco mais do que julgamento por júri e devido processo legal básico.

Essa distinção reconhece que o que está em jogo é geralmente maior nos casos criminais, em que um réu pode ser privado da liberdade e da vida, do que nos casos civis envolvendo dinheiro. Isso nem sempre é assim, uma vez que alguns julgamentos civis podem levar um réu à falência, enquanto algumas penalidades criminais podem ser triviais, mas o estigma de uma condenação criminal é pior, e as penas, geralmente mais dolorosas.

A distinção civil-penal passou por diversas fases históricas. No início da História registrada, a linha era tênue, especialmente entre delitos e crimes: em ambas as situações, o réu feriu a vítima, que busca compensação ou vingança nos tribunais. Antigamente, quando não havia prisões para encarceramento de longo prazo, essa compensação era principalmente econômica, exceto em casos extremos em que apenas a pena de morte era considerada um remédio suficiente.

Com o advento do sistema prisional, a separação entre o civil e o criminal tornou-se mais nítida. Mais recentemente, o âmbito do direito penal ampliou-se significativamente, de modo que condutas lesivas, antes consideradas apenas culposas, passaram a ser tratadas como criminosas. Isso é especialmente verdade a respeito de atos negligentes que produzem grandes danos, como morte ou ferimentos graves em acidentes automobilísticos, ou produtos de consumo perigosos, como alimentos ou insumos farmacêuticos cheios de germes.

O mesmo se aplica a acidentes com armas de fogo, como recentemente evidenciado pela acusação de homicídio involuntário de Alec Baldwin, que, de modo acidental, matou uma funcionária do set de filmagem ao disparar uma arma de propulsão que ele disse não ter munição real. Uma acusação ainda mais controversa foi contra Kim Potter, uma policial que pretendia parar um criminoso em fuga atirando nele com sua arma de choque, mas que acidentalmente sacou e disparou seu revólver, matando-o. Ela foi condenada por homicídio culposo em primeiro e segundo graus, sentenciada a dois anos de prisão e teve negada a fiança enquanto aguardava o recurso, mesmo sendo indiscutível que ela não pretendia atirar nele com munição real. Alguns ativistas antipolícia queriam acusá-la de assassinato.

Outro exemplo atual de criminalização de comportamento negligente é o manuseio descuidado de material classificado, como o feito pelo ex-presidente Donald Trump, pelo atual presidente Joe Biden e pela ex-secretária de Estado Hillary Clinton. O estatuto criminal relevante exige provas de que a pessoa que possui os documentos os "removeu conscientemente" com a intenção de "retê-los", mas não exige evidências do intuito de divulgá-los ou utilizá-los indevidamente.

Outros exemplos de crimes atuais que costumavam ser delitos envolvem a distribuição negligente de alimentos e produtos farmacêuticos perigosos, e a falha negligente em proteger as crianças de danos.

Há duas razões principais pelas quais a responsabilidade criminal foi estendida com o objetivo de cobrir o comportamento negligente. A primeira é probatória: muitas vezes é difícil ou impossível provar uma intenção específica de se cometer um crime, então a lei toma um atalho, substituindo pela negligência, que é muito mais fácil de provar.

A segunda razão é colocar o ônus de prevenir danos nas pessoas mais capazes de fazê-los. Sob essa abordagem, Baldwin e Potter são responsabilizados criminalmente por NÃO tomarem medidas adicionais a fim de garantir que não estavam disparando armas letais. Aqueles que descuidadamente estão com a posse de documentos classificados são criminalmente responsáveis por NÃO serem mais cuidadosos. E aqueles que vendem alimentos ou produtos farmacêuticos são obrigados a garantir a segurança de seus produtos ou correrem o risco de serem processados criminalmente.

Uma consequência dessa criminalização crescente do que costumava ser violação civil é reduzir o estigma de uma condenação criminal. Quando era necessária uma intenção específica para cruzar a linha da criminalidade – uma decisão calculada de "ser ou não ser" um criminoso –, era mais fácil diferenciar os moral e legalmente culpados dos meramente descuidados. Hoje, essa linha tornou-se mais confusa. Outra consequência que estamos vivenciando atualmente no mundo político é o armamento do sistema de justiça criminal para fins partidários.

Em suma, a tendência inconfundível de supercriminalização é uma faca de dois gumes: pode nos tornar um pouco mais seguros, mas não sem custos reais.

Uma Solução Tecnológica para o Problema de Classificação

Documentos classificados foram agora encontrados entre os papéis do ex-presidente Trump, do presidente Biden e do ex-vice-presidente Pence. Há pouca dúvida de que, se os escritórios, porões, garagens e bibliotecas de todos os ex-presidentes e vice-presidentes fossem revistados, mais material confidencial apareceria.

Há poucas evidências de que as autoridades que anteriormente tinham acesso a documentos classificados tenham tomado decisões deliberadas de mantê-los, sabendo que eram sigilosos. Há exceções, é claro, como o ex-conselheiro de segurança nacional Sandy Berger, que deliberadamente escondeu arquivo secreto em suas meias, a fim de preparar seu livro de memórias. É muito mais provável que o material confidencial acabe nos arquivos de ex-autoridades por descuido, desleixo, desídia ou inadvertência. Mas, independentemente de como ou do porquê, pode existir uma ameaça à segurança nacional.

Uma solução ou melhoria tecnológica talvez resolva esse problema contínuo. Cientistas e técnicos desenvolveram métodos de rastreamento eletrônico que podem ser aplicáveis a pastas sigilosas. Não sou especialista em classificação nem em tecnologia, mas o simples senso comum sugere que o carimbo colocado nos documentos pode conter um dispositivo de rastreamento eletrônico que os identifique e localize. Se isso fosse feito, seria uma questão simples para os agentes de segurança dos arquivos identificarem rapidamente o material classificado com tal carimbo por meio de um rastreio eletrônico. Tal busca poderia ser realizada em todos os documentos que saem da Casa Branca, da mesma forma que são realizadas hoje em roupas e lojas nas quais os itens são etiquetados eletronicamente e programados para emitir um bipe se forem indevidamente removidos.

Os críticos podem apontar falácias técnicas contra minha proposta, mas se podemos enviar homens à lua...

Essa solução tecnológica traria várias vantagens. Primeiro, tornaria mais fácil para todos – autoridades do governo que estivessem de posse de material classificado, arquivistas que deveriam obter o controle deles, oficiais da lei investigando posse indevida – garantirem que nenhum documento seja inadvertidamente removido de locais seguros. Em segundo lugar, poderia muito bem reduzir a quantidade de itens originalmente carimbados, uma vez que mais recursos teriam que ser gastos para marcar eletronicamente e designar itens sigilosos. Terceiro, as classificações podem ter tempo limitado, e esse prazo ser aplicado aos dispositivos eletrônicos.

Quanto a essas limitações de tempo, se tratariam de melhoria considerável para todo o processo de classificação. Hoje, um item marcado como classificado permanece marcado para sempre. Mas as justificativas para manter o sigilo mudam e desaparecem com o tempo. Considere, por exemplo, os papéis de Biden. Alguns deles remontam a seus dias no Senado, o restante a seus mandatos como vice-presidente. É muito provável que muitos de seus conteúdos sejam agora de conhecimento público ou não mais sujeitos à classificação. É por isso que Biden faria bem em desclassificar qualquer material que possua e que não exija mais sigilo.

O sistema de classificação atual está avariado. Muitos documentos são rotineiramente etiquetados por motivos políticos e pessoais, para evitar constrangimento, e para negar o acesso a oponentes políticos; não por razões imperiosas de segurança nacional. Em uma democracia aberta e transparente, deve haver uma forte presunção contra o sigilo e a favor do acesso público. Itens, uma vez classificados, devem estar sujeitos à revisão periódica e à desclassificação. Muito raramente um documento deve ser sigiloso para sempre, ou mesmo por longos períodos de tempo. Uma vez desclassificado, o dispositivo eletrônico pode ser configurado para não emitir bipes.

Uma razão pela qual tantos funcionários públicos são tão descuidados quanto à forma como lidam com o material carimbado é que eles entendem que a maioria desses itens realmente não exige sigilo. Muitas corporações e negócios fazem mais para proteger os segredos comerciais do que o governo para o que afirma serem segredos de segurança nacional.

As recentes revelações demonstram o quão descuidados têm sido não apenas os titulares de cargos, mas também os funcionários do governo encarregados da segurança nacional. Podemos e precisamos fazer mais para encontrar o equilíbrio adequado entre sigilo e divulgação. E devemos fazer mais do que fizemos até agora para impedir o tipo de posse inadvertida de material classificado por ex-funcionários.

Portanto, vamos parar de apontar o dedo partidário para os erros do passado de oponentes políticos e vamos tomar medidas preventivas destinadas a evitar problemas futuros.

[CONCLUSÃO]

O ato de mirar ilegal e inconstitucionalmente em um potencial candidato presidencial – como verificado na campanha "Perseguição a Trump" – não vai parar com esse político. Quer esse esforço antidemocrático para impedir a sua candidatura seja bem-sucedido ou não, é provável que crie precedentes perigosos que ficarão por aí como armas carregadas prontas para serem usadas contra outros candidatos, funcionários ou cidadãos polêmicos sobre os quais se pode argumentar que o risco que representam "é diferente".

Que haja pouca dúvida de que os fanáticos republicanos se aproveitarão de qualquer brecha criada pelos fanáticos democratas quando as circunstâncias o permitirem. A História prova que nenhuma das partes é confiável para aplicar a lei de forma neutra e apartidária. Jamelle Bouie, uma das maiores antirrepublicanas que escreve para o *The New York Times*, defendeu "soluções partidárias" para problemas partidários. Em outras palavras, dois erros se traduzem em um acerto. Não! Dois erros se traduzem em uma briga, ou em um terceiro erro.

Não se pode contar com princípios para evitar a retaliação olho por olho no mundo partidário de hoje. Precedentes baseados em princípios, se observados e aplicados de forma isonômica, podem funcionar, até certo ponto, como um controle sobre o uso excessivamente zeloso da lei como arma. Mas é uma faca de dois gumes. Precedentes ruins que permitem o uso como arma podem servir de estímulo para abusos.

Os fanáticos partidários não se importam com precedentes, porque seus objetivos são de curto prazo, a gratificação imediata de suas necessidades políticas. O futuro é para os outros se preocuparem. Mas o futuro na política nunca está longe. É medido em eleições bienais que podem rapidamente entregar um precedente armado ao oponente. Os republicanos, que agora controlam a Câmara, podem muito bem utilizar os precedentes estabelecidos pelos democratas. Isso inclui a ampliação do alcance de crimes e outras sanções, como investigações intrusivas, cassações e ações judiciais por fraude civil. Eles também incluem a intimação e a publicação das declarações fiscais de oponentes políticos. Os líderes republicanos da Câmara já acumularam comitês cruciais com fanáticos que provavelmente imitarão os excessos anteriores acumulados em favor dos democratas. Os libertários civis que tradicionalmente se opõem a tais táticas, exceto quando dirigidas a Trump e seus associados, podem muito bem vê-las voltadas contra si mesmos e seus aliados. Esse é o caminho para uma "república das bananas", na qual a derrota eleitoral resulta em prisão, falência ou coisa pior.

Continuarei a fazer o que venho fazendo há sessenta anos: defendendo os direitos constitucionais de todos os que estão sujeitos a maus tratos governamentais. Ao longo dos anos, defendi principalmente democratas: Ted Kennedy, Alan Cranston, Edwin Edwards, Bill Clinton, Al Gore e outros. Hoje em dia, defendo muitos republicanos, porque são os democratas que estão no poder no Ministério da Justiça e no Senado, e vêm empregando medidas inconstitucionais contra os oponentes. Se eu viver o suficiente, estou confiante de que mais uma vez defenderei os democratas contra os republicanos que usarão medidas inconstitucionais semelhantes.

Se e quando essa reversão da sorte ocorresse, eu seria atacado pelos republicanos e apoiado pelos democratas, imagem espelhada do que aconteceu quando defendi Trump contra um impeachment inconstitucional.

Como democrata progressista e ex-membro do Conselho Nacional da ACLU, estou particularmente preocupado com o fato de que não se pode mais contar com a esquerda para se opor à opressão; a opressão vem da esquerda. Democratas, progressistas e libertários civis estiveram na vanguarda da oposição aos excessos das administrações republicanas, mais recentemente de George W. Bush e Donald Trump. Eu os apoiei quando o fizeram. Mas, agora que a opressão inconstitucional vem em grande parte da esquerda, esses grupos estão em silêncio ou são cúmplices. Eles mostraram ao mundo que sua oposição à opressão republicana era partidária e tática, e não baseada em princípios e neutralidade. Eles perderam sua credibilidade como guardiões da Constituição para todos.

Hoje, existem poucos libertários civis valorosos com princípios que se levantarão igualmente pela opressão da esquerda e da direita. Quando me opus a ações inconstitucionais contra Donald Trump e seus associados, muitos de meus ex-associados progressistas e libertários civis se voltaram contra mim (ver o meu livro *The Price of Principle*). Suas ações enviaram uma mensagem poderosa: defender por princípio um partido ou ideologia carrega o risco de cancelamento, censura e perda de status.

Os perigos para as liberdades civis aumentam exponencialmente quando proeminentes progressistas e libertários civis se recusam a enfrentar a opressão de seus amigos e colegas. É por isso que é tão importante para democratas progressistas como eu escrever livros como este, criticando o meu lado por abandonar seus princípios no interesse de alcançar objetivos partidários de curto prazo. Espero que essa obra encoraje outros progressistas e libertários civis a manterem-se firmes em suas crenças. Também espero que encoraje os republicanos, que têm justificadamente criticado os ataques irrazoáveis aos democratas, a se apegarem a seus princípios, agora que o sapato está no outro pé.

A História oferece pouca base para otimismo em relação à aplicação de um critério único. Mas não posso ficar calado diante da hipocrisia, dos duplos padrões e do partidarismo sem princípios.

[APÊNDICE A]
Os Julgamentos do Massacre de Boston

Eu me referi repetidamente à defesa feita por John Adams dos soldados britânicos acusados do Massacre de Boston. Escrevi o seguinte sobre o papel de Adams naquele famigerado caso:

Data: 1770
Local: Boston, Massachusetts
Réus: Capitão Thomas Preston, cabo William Wemms e sete soldados britânicos
Acusações: Assassinato, cúmplice de assassinato
Veredicto: Capitão e cabo absolvidos; dois soldados condenados por homicídio culposo
Sentença: Marcação com ferro quente

    A maneira pela qual um evento é caracterizado pela História, muitas vezes, determina as atitudes coletivas em relação à culpabilidade dos participantes. O chamado Massacre de Boston é um exemplo disso. Todo aluno americano aprende que soldados britânicos "massacraram" vários bostonianos atirando contra uma multidão de manifestantes patrióticos. Foi o início "real" da Revolução Americana, os primeiros tiros ouvidos em todo o mundo.

    Uma revisão dos registros reais dos julgamentos – o primeiro do oficial comandante; o segundo, dos soldados – mostra tudo menos um massacre não provocado. Foi muito mais próximo de um caso de autodefesa discutível por um punhado de militares assustados, encurralados por uma multidão violenta que ameaçava feri-los ou matá-los. Situações como essa surgem por toda parte, mais recentemente em Israel e no Iraque, em que soldados atiram em provocadores que praticam, ou ameaçam com, violência. O termo massacre deve ser reservado para casos de assassinato em massa não provocado contra pessoas inocentes. Com certeza, o caso de Boston foi difícil, mas casos difíceis devem ser resolvidos em favor dos réus, pelo menos por um tribunal de justiça. O veredicto pode muito bem ser diferente, como foi neste caso. A História, especialmente a de uma pátria, prospera na mitologia. E o Massacre de Boston emergiu como um dos mitos canônicos da América pré-revolucionária.

Outro mito – este perpetrado por advogados em convenções da Ordem dos Advogados e em discursos do Dia do Direito – é que foi preciso muita coragem para os advogados de defesa, liderados pelo futuro presidente John Adams, defenderem os odiados soldados britânicos. A evidência sugere que isso não era verdade. A comunidade estava dividida, e muitos cidadãos íntegros de Boston entenderam que a "ralé" que se reuniu em Dock Square, naquela noite fria de março, com porretes, bolas de gelo e outras armas improvisadas era formada por provocadores que convidavam à violência que se seguiu. Talvez os soldados tenham exagerado; talvez tenham atirado cedo demais e não parado rápido o suficiente. Mas pessoas sensatas poderiam discordar, e discordaram, quanto a se isso foi assassinato, homicídio culposo ou legítima defesa. Juízes e júris decidiram essas complexas questões fáticas e legais somente depois de ouvirem as dezenas de testemunhas convocadas por cada lado.

Os próprios julgamentos foram exemplos de civilidade e devido processo legal, conduzidos de forma profissional e brilhante por todos os advogados. O verdadeiro herói dessa tragédia foi o sistema jurídico – o sistema jurídico britânico, administrado pelos colonos americanos – que conseguiu transformar um incidente potencialmente explosivo em uma lição cívica sobre o Estado de Direito.

Todo americano, especialmente advogados e estudantes, deveria estudar esse julgamento. A realidade é muito mais interessante do que a mitologia. Os argumentos finais são instâncias clássicas da advocacia daquele período.

Ouçam a John Adams:

> Com a vênia de Vossas Excelências e de vocês, senhores do júri: sou a favor dos prisioneiros nesta sala de audiência, e devo me desculpar por isso apenas nas palavras do marquês Beccaria: 'Se eu puder ser o instrumento de preservação de uma vida, sua bênção e lágrimas de êxtase serão um consolo suficiente para mim, pelo desprezo de toda a humanidade. No momento em que os prisioneiros estão diante de você para salvar suas vidas, pode ser apropriado lembrar com que estado de espírito a lei exige que devemos realizar este julgamento. A forma de proceder em sua acusação descobriu que o espírito da lei em tais ocasiões vai ao encontro da compaixão, ao bom senso e ao sentimento; que tudo é benignidade e franqueza. E o julgamento começa com a oração do tribunal, proferida pelo escrivão, ao juiz supremo dos juízes, impérios e mundos: Deus te dê um bom livramento'.
>
> Encontramos, nas regras estabelecidas pelos maiores juízes ingleses, os quais foram os mais brilhantes da humanidade, que devemos considerar mais benéfico que muitos culpados escapem impunes do que uma pessoa inocente sofra. A razão é porque é mais importante para a comunidade que a inocência seja protegida do que a culpa seja punida; afinal, culpa e crimes são tão

frequentes no mundo, dado que não há como punir todos eles; e, muitas vezes, eles acontecem de tal modo que não têm muita importância para o público que eles sejam, ou não, punidos. Mas, quando a inocência propriamente dita é levada ao tribunal e condenada, especialmente à morte, o indivíduo irá exclamar: 'para mim é indiferente se me comporto bem ou mal, pois a própria virtude não é segurança'. E, se uma impressão como essa chegasse a ocorrer na mente do indivíduo, haveria um fim para qualquer forma de segurança.

Nem tudo o que Adams disse deve ser elogiado. Ele jogou uma versão inicial do que veio a ser conhecido como "carta racial". Um dos mortos pelos soldados era um homem negro chamado Crispus Attucks. Adams disse ao júri todo branco que Attucks era o culpado pelo confronto:

Bailey 'viu o mulato sete ou oito minutos antes do tiroteio, à frente de vinte ou trinta marinheiros em Cornhill, e ele carregava uma grande vara de madeira'. De modo que este Attucks, pelo testemunho de Bailey comparado com o de Andrew e alguns outros, parece ter se proposto a ser o herói da noite; e liderar este exército com estandartes, colocá-los em primeiro lugar na praça Dock e levá-los para King Street com seus porretes; eles passaram pela rua principal até a guarda-mor, a fim de realizar o ataque. Se isso não foi um agrupamento ilegal, nunca houve um no mundo. Attucks com seus mirmidões aparece na esquina da Jackson e desce com o grupo pela guarita; quando os soldados empurraram o povo, este homem com seu grupo gritou, não tenham medo deles, eles não ousam atirar, matem-nos! Matem-nos! Derrubem-nos! E ele tentou dar cabo deles. Está claro que os soldados não deixaram seu posto, mas gritaram para o povo, afastem--se; agora, ter esse reforço descendo sob o comando de um mulato corpulento, cuja aparência era suficiente para aterrorizar qualquer pessoa, o que os soldados tinham a fazer senão temer? Ele teve coragem suficiente para cair sobre eles, e com uma mão pegou uma baioneta e com a outra derrubou o homem: esse foi o comportamento de Attucks: para cujo comportamento louco, com toda a probabilidade, a terrível carnificina daquele a noite deve ser principalmente atribuída. E é desse modo que esta cidade tem sido frequentemente tratada; um Carr da Irlanda, e Attucks de Framingham, aquele que estiver aqui, vai se colocar em marcha para cumprir seus impensados empreendimentos, à frente de tal turba de negros etc., que eles puderem reunir, e então não faltarão pessoas para imputar todas as suas ações às boas pessoas da cidade.

Adams também jogou a "carta de Deus". Ele consistentemente invocou a lei de Deus e a Bíblia em apoio à sua alegação de legítima defesa:

Assim como o amor a Deus e ao próximo engloba todo o dever do homem, da mesma forma o amor-próprio e o social englobam todos os deveres que devemos à humanidade, e o primeiro ramo é o amor-próprio, que não é apenas nosso direito indiscutível, mas nosso dever mais claro; pelas leis da natureza, isso tudo se encontra entrelaçado no coração de cada indivíduo; Deus Todo-Poderoso, cujas leis não podemos alterar, implantou-o lá, e podemos nos aniquilar tão facilmente quanto erradicar essa afeição por nós mesmos. É o primeiro e mais forte princípio de nossa natureza; o juiz Blackstone o chama de 'o cânon primário da lei da natureza'. Aquele preceito de nossa santa religião que nos ordena amar nosso próximo como a nós mesmos não nos ordena amar nosso próximo melhor do que a nós mesmos, ou tão bem, nenhum teólogo cristão deu esta interpretação. O preceito ordena que nossa benevolência para com nossos semelhantes seja tão real e sincera quanto nossas afeições para conosco mesmos, não que deva ser tão grande em grau. Um homem está autorizado, portanto, pelo bom senso e pelas leis da Inglaterra, bem como pelas da natureza, a amar a si mesmo mais do que a seu próximo: se duas pessoas forem jogadas no mar e subirem em uma prancha (um caso colocado por *Sir* Francis Bacon), e a prancha é insuficiente para segurar os dois, um tem o direito de empurrar o outro para se salvar. As regras do direito comum, portanto, que autorizam um homem a preservar sua própria vida às custas de outro, não são contraídas por nenhuma lei divina ou moral.

Por fim, quando dois dos soldados foram condenados por homicídio culposo – o oficial e o outro soldado foram todos absolvidos – a equipe de defesa puxou a última carta de Deus do fundo do baralho. Eles invocaram "*o benefício do clero, que lhes foi permitido, e então cada um deles foi queimado na mão, em tribunal aberto, e dispensado*". Este "benefício" originalmente protegia os clérigos cristãos de processos criminais nos tribunais seculares da Inglaterra. O privilégio se desenvolveu ao longo do tempo para proteger os "funcionários", ou pessoas alfabetizadas, de processos por crimes puníveis com a morte. Aqui ele foi aplicado aos soldados a serviço do rei. Parece bastante anacrônico que apenas alguns anos antes da promulgação da Primeira Emenda, um tribunal colonial britânico em Boston tivesse permitido essa resolução arcaica e de inspiração religiosa para um grande caso político. Não é de admirar que lutemos contra uma revolução e que tenhamos construído um muro de separação entre a Igreja e o Estado!

Acompanhe a LVM Editora nas Redes Sociais

https://www.facebook.com/LVMeditora/

https://www.instagram.com/lvmeditora/

LVM
EDITORA

Esta edição foi preparada pela LVM Editora
com tipografia Source Serif Pro e Akrobat.